들어가는 말

수학 못하는 엄마, 환영합니다

　수포자였던 전 학교 졸업 후 수학에서 해방되어 잘 먹고 잘 살았습니다. 그런데 엄마가 되니 더 이상 수학을 모른 척할 수 없더군요. 순전히 아이를 위해 시작한 공부였는데 정작 수학 덕을 본 건 저였어요. 하나씩 새롭게 알게 될 때마다 뜻밖의 위로를 받았습니다. '넌 글러 먹지 않았어. 그저 몰랐을 뿐이야.'라고요. 타고난 수학 머리가 없으니 어차피 해도 안 될 거라고 쉽게 단정 지었던 나 자신에게 얼마나 미안하던지요. 전 마흔이 넘어서야 진짜 수학을 만났습니다.

　혹시 오늘 아이와 수학에 대해 어떤 대화를 나눴나요?

　"숙제했어?", "문제집 풀었어?", "언제 할 거야?", "얼른 해.", "똑바로 앉아.", "몇 개 틀렸어?", "학원 갈 시간이야."

　어느 집이나 이 범위를 크게 벗어나지 않는 것 같아요. 확인과 독촉의 말들이죠. 아이가 틀리기라도 하면 말이 곱게 안 나와요. 그런데 엄마가 수학을 알면 아이의 수학 때문에 일희일비할 일이 줄어듭니다. '맞혔나, 틀렸나'보다 더 중요한 '어떻게 생각했는가'로 관점이 바뀌거든요. 수학이야말로 생각을 나눌 수 있는 훌륭한 대화 소재입니다.

　이 책은 엄마가 수학을 알면 자연스레 달라지는 마음가짐과 태도에 대해 말합니다. 변화의 주체는 아이가 아닌 엄마예요. 엄마가 먼저이고 그 다음이 아이입니다. 그 이야기는 1부에 자세히 담았어요. 2부에서는 수포자 엄마도 수학과 친해질 수 있는 개념을 소개합니다. 전 수학을 가르치는 사람이 아니에요. 수학을 당신과 연결하고 싶어요. 도킹에 성공한다면 더할 나위 없이 기쁠 겁니다.

　이 책을 완성하고 나니 그런 생각이 들었어요. 수포자였던 내 과거는 흠이 아니라 힘이었구나. 만약 제가 수학 능력자였다면 기초부터 파고들 생각은 못 했을 거예요. 전혀 할 필요가 없었겠죠. "이걸 왜 몰라?" 당연한 걸 이해 못 하는 사람을 오히려 답답하게 여겼을지도 몰라요. 수학을 다시 공부하면서부터 모름을 기본값으로 설정하고 안다는 착각을 경계하며 "왜?"를 동력 삼았더니 수학이 재밌어지기 시작했어요. 모름지기 모르는 사람이 제대로 궁금해하는 법 아니겠습니까. 혼자만 알고 있기 아까워 이렇게 책으로 전합니다.

　수포자인 당신도 예전의 저처럼 애꿎은 머리 탓만 하고 있나요? 이 책의 마지막 장을 넘길 때쯤 그 생각이 뒤집혀 있기를 간절히 바라 봅니다.

차례

들어가는 말 | 수학 못하는 엄마, 환영합니다 … 4

Part 1
수포자 엄마의 수학 스터디

1. 나는 산수, 너는 수학 … 12
2. 환경설정 … 15
3. 수포자를 찾습니다 … 19
4. 라떼 수학 … 23
5. 30년 만에 다시 만난 세계 … 26
6. 수학, 수다 그리고 수업 … 30
7. 화요일에 만나요 … 33
8. 수학의 다단계 … 36
9. 어쩌다, 빙의 … 39
10. 이런 건 어디에서 배우나 … 42

11	그건 끝이 아니라 시작	… 44
12	네모의 꿈은 그게 아니고	… 47
13	수학이라는 언어	… 50
14	오늘도 우상향	… 53
15	별게 다 수학	… 55
16	길거리 캐스팅할 뻔	… 58
17	틀린 문제에 대처하는 법	… 60
18	아는 것이 (기다릴 수 있는) 힘이다	… 64
19	수학의 맛	… 66
20	괜히 삼각형일 리 없지	… 69
21	특권	… 73
22	속마음	… 76
23	엄마도 몰라	… 79
24	어린이 있는 곳에 문제집 있다	… 82
25	이달의 책	… 84
26	엄마의 부심	… 87
27	잘한다, 자란다	… 89
28	꿈도 야무져라	… 93
29	나를 만든 수학, 내가 만든 수학	… 97

Part 2

탈수포자 엄마의 취미 수학

(변화와 관계) 10%+10% 할인은 몇 % 할인일까? … 104

(수와 연산) 구구단에 숨겨진 수의 비밀 … 108

(변화와 관계) 순금은 왜 100K가 아니라 24K인 걸까? … 121

(도형과 측정) 색종이로 절반 넓이 정사각형을
만드는 방법 … 129

(변화와 관계) A4용지와 A6용지 중 뭐가 더 클까? … 141

(도형과 측정) 원의 공식마다 등장하는 π(파이)는
대체 뭘까? … 150

(수와 연산) 45×45를 암산하는 방법 … 165

(수와 연산) 음수 곱하기 음수는 왜 양수일까? … 177

변화와 관계	반비례는 정비례의 반대? … 184
수와 연산	12÷3이 의미하는 것 … 195
수와 연산	0÷5는 되는데 5÷0은 안 되는 이유 … 206
도형과 측정	크림대빵 가격, 비싼가? 적당한가? … 212
변화와 관계	뭐가 더 이득? 커피 10잔+무료 1잔 vs 10% 포인트 적립 … 223
변화와 관계	사다리 타기 게임은 왜 결과가 중복되지 않을까? … 228
자료와 가능성	당신이 로또에 당첨될 확률 … 240
도형과 측정	맨홀 뚜껑은 왜 원 모양일까? … 252
수와 연산	일일이 세어 보지 않고 몇 개인지 알 수 있을까? … 261

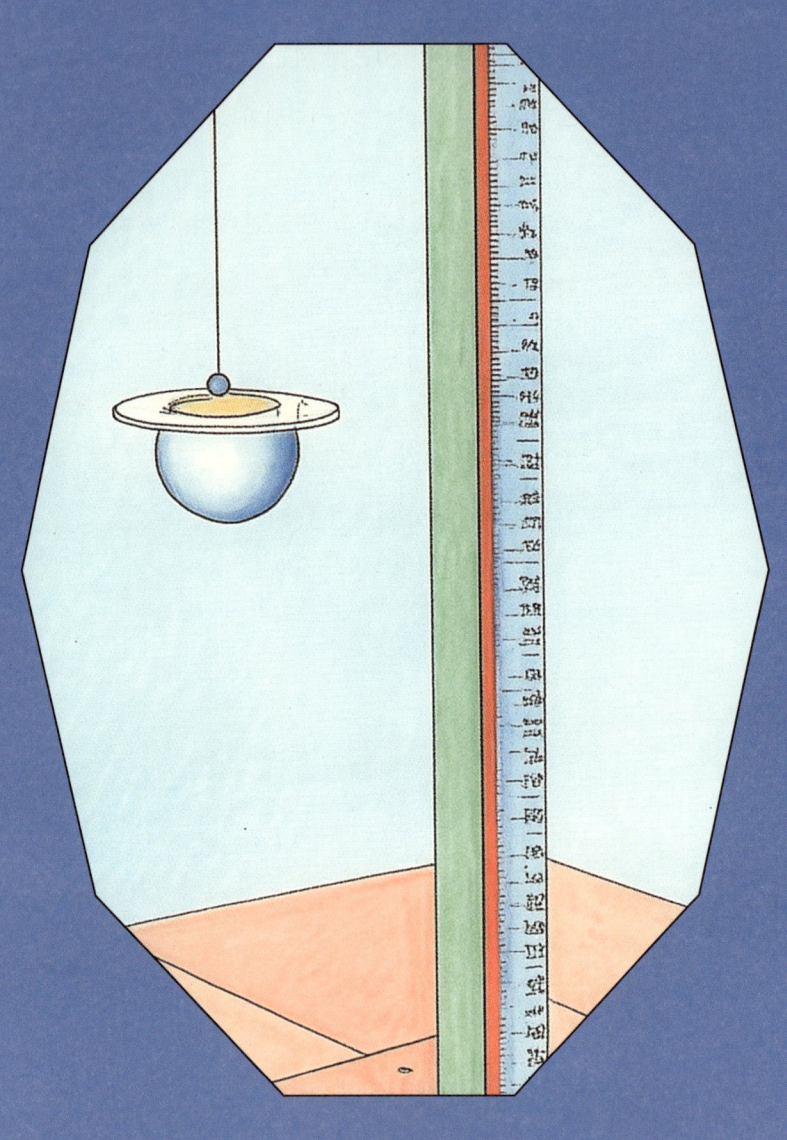

Part 1

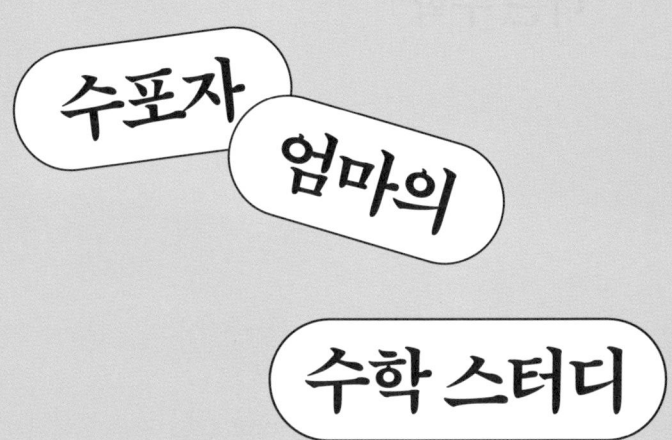

#1

나는 산수,
너는 수학

어린아이가 어른에게 가장 많이 듣는 질문은 아마도 "몇 살이야?"일 거다. 질문을 받은 아이는 기다렸다는 듯 짧은 손가락을 나이만큼 당당하게 펴 보인다. 유아기의 자기 과시는 언제 봐도 사랑스럽다.

어느 날 아이가 본인의 나이 이슈로 유모차를 밀던 내 걸음을 멈춰 세웠다.

"엄마, 내가 네 살을 만들었어."

"응? 뭘 만들었다고?"

유모차 앞으로 다가가니, 아이는 달뜬 얼굴로 양손 브이(V)를 하고 있었다.

"네 살을 만들었어."

"음… 네 살은 이렇게 하는 거 아니야?"

내가 손가락 4개를 쫙 펴고서 은근슬쩍 확인하자, 아이는 진지하게 대답했다.

"그것도 네 살이고 이것도 네 살이야."

아이는 곧이어 양손을 꼼지락거리더니 새로운 네 살을 만들었다. 왼손의 엄지, 검지, 중지와 오른손의 엄지를 자랑스럽게 펴 보이며 말했다.

"이것도 네 살이야."

이걸 알아내기 위해 아이는 그 작디작은 손을 얼마나 꼬물거렸던 걸까.

그동안 아이 앞에서 '하나, 둘, 셋, 넷, 다섯'을 얼마나 반복했던가. 아이에게 이렇게 저렇게 보여 주고 들려주며 수를 무한재생했다. 듣는 건지 마는 건지 알아듣는 건지 아닌지, 걱정했던 날들이 무색하게 아이는 스스로 발견한 '수'를 소개했다. 그건 숫자 4를 보고 '사'라고 하는 것과는 다른 차원이었다. 4를 곧이곧대로 4로만 받아들인 나와 달리, 네 살 아이는 4가 1+1+1+1이면서, 2+2일 수도 있고, 3+1도 된다는 사실을 손가락으로 알아냈다. 마치 수가 분해했다 합체했다 마음대로 갖고 노는 장난감 같았달까. 수학을 이렇게 자발적으로 즐길 수 있다니, '수포자'인 내게는 문화적 충격이었다.

어쩌면 수학이 재밌을지도 모른다는 최초의 생각은 이

날 시작되었다. 내가 배웠던 수학과 네가 배우게 될 수학은 전혀 다르겠구나. 그런데 얄팍하고 어설픈 내 수학 실력으로 섣불리 너에게 수학을 알려 줘도 괜찮을까. 가짜 실력으로 잘난 척하다 고등 가서 보란 듯이 '폭망'한 오랜 경험과 노하우로 수포자 2세를 만들면 어쩌지. 나로 인해 아이가 수학에 잘못 접근하게 될까 두려웠다. 아무래도 내가 수학을 제대로 배워야겠다. 그런데 마흔을 바라보는 이 나이에 어디 가서 수학을 배운담. 어른을 받아 주는 수학 학원은 세상 어디에도 없잖은가. 그렇다고 《수학의 정석》을 풀기는 싫은데. 내가 알고 싶은 건 그런 고급 문제 풀이가 아니라 수학의 기본이다. 뭐부터 어떻게 시작해야 할까. 지금 이 나이에 수학 공부가 가능하긴 한 걸까. 혹시 너무 늦은 건 아닐까.

#2

환경설정

 현실 세계에는 아쉽게도 부모의 수학 공부에 대해 조언을 구할 대상이 없었다. 온라인 세계에는 정보의 탈을 쓴 사교육 광고가 넘쳐났다. 아이에게 '무엇을' 시켜야 하는지 말고, 부모가 '어떻게' 해야 하는지 알려 주는 데는 어디 없을까. 내가 기댈 곳은 책뿐이었다. 시중에 나온 수학 교육서와 수학 관련 육아서는 절판책이든 신간이든 가리지 않고 읽기 시작했다.
 그 많은 책에서 내가 묵직하게 건진 배움은 이거였다.
 '아이가 수학을 싫어하게 되는 순간, 게임 끝.'
 이 게임 끝은 조기 목표 달성이 아니라 조기 강제 종료를 의미한다. 아이가 수학에 질리게 되면 공든 탑 무너지는 건 한순간이라고 책들은 친절하게 경고했다. 방법과 방향이 잘못되면 그 모든 노력의 끝은 결국 수포자라고. '지금 당장 이거 안 시키면 큰일 나요'란 공포 마케팅보다 이 말이 더 무시무시했다.

 마음 한 켠에 우리 아이 수학 영재 만들기 같은 흑심이 없었다면 가슴에 손을 얹고 거짓말이다. 혹시…? 어쩌면…? 일말의 가능성을 품기는 했다. 내 아이가 될성부른 떡잎일 거란 기대는 어느 부모나 하기 마련이니까(난 모든 아이가 잠재력 충만한 떡잎이라 생각한다). 내 아이 천재설도 모두가 한 번쯤 경험하는 육아 단계 아니던가(난 모든 아이가 각양각색의 천재라고 믿는다). 그런데 부모의 욕심이 과하면 오히려 아이를 망칠 수도 있단다.

 수학 마니아가 되는 건 언감생심 바라지 않기로 했다. 수학을 싫어하고 증오하지만 않는다면 더 바랄 게 없었다. 수학에 대한 정서를 나쁘지 않게 하자. '수학, 할 만한데?' 그 마음이면 충분하다. 일단 아이가 수학과 친해지는 걸 목표로 삼았다. 수학이지만 수학인 줄 모르게 다가가는 위장전술. 일상에서 자연스레 수학을 노출하기 시작했다. 각 잡고 앉아서 하는 게 아니라 언제 어디서나 툭툭. 놀다가 툭툭. 밥 먹다가 툭툭. 그림책 보다가 툭툭. 아이의 놀이 흐름을 깨뜨리며 공부가 비집고 들어가게 되면 아이가 거부할 수 있으니 적당히 치고 빠지는 밀당 기술도 필요했다. 친정엄마표 요리 비법이 MSG 한 꼬집이라면, 나만의 엄마표 비법은 MATH 한 꼬집이었다. 일상에 수학 양념 톡

톡 첨가하기. 그렇게 수학은 우리에게 서서히 스며들었다. 다행히 아이도 나도 수학이 즐거웠다. 빠듯한 육아 틈새에 읽은 여러 수학책 덕을 많이 봤다.

아이는 여섯 살에 유치원으로 첫 사회생활을 시작했다. 24시간 밀착 육아를 하다 5시간의 꿀맛 여유가 생기니 뭐라도 하고픈 마음이 간절해졌다. 그러다 지역 내 여성인력개발센터에서 '창의수학지도사 자격증'과 '보드게임지도사 자격증'을 취득했다. 혼공 수학에 부스터를 장착한 듯한 느낌이 꽤나 좋았더랬다.

그리곤 코로나19가 터졌다. 몸도 마음도 꽁꽁 묶였다. 뭔가를 향한 열정도 급랭 상태가 되어 버렸다.

꽉 막힌 숨통을 트이게 한 건 온라인 독서모임이었다. 코로나가 잠잠해질 무렵에는 용기 내어 오프라인 독서모임을 찾아갔다. #아이 #살림 #육아 #교육 이런 해시태그로 중무장한 내 삶에 독서모임은 활력이었다. 세상에 이토록 재밌는 책 수다라니. 함께하는 힘이 이런 거구나. 혼자서는 다양한 책을 읽기가 어려운데 함께하니 '꾸준히'가 실행 가능했다.

그때 불쑥 아이디어가 떠올랐다. 독서모임처럼 수학모임도 있지 않을까? 수학도 혼자가 아니라 함께하면 꾸준히 공부할 수 있을 텐데. 혼자만 알고 있기엔 아까운 게 너무

많잖아. 내 작은 경험이 누군가에게 도움이 되었으면. 어려울 땐 함께 고민하고, 각자의 서로 다른 방법을 공유하고, 잘 아는 이에게 한 수 배우고도 싶었다. 솔직히 혼자 수학 공부하는 게 많이 외롭기도 했고.

난 어딘가에 존재할 수학 동지를 찾아 온라인과 오프라인을 이리저리 기웃거렸다. 그런데 엄마들의 영어책모임은 간간이 눈에 띄어도, 수학모임은 없었다.

수학 공부하는 엄마, 어디 없나요?

#3

수포자를
찾습니다

"미현 님이 직접 만드시는 건 어때요?"

매달 소설책을 함께 읽는 Y님에게 독서모임의 즐거움을 고백하다가 수학모임의 부재를 토로했는데 뜻밖의 물음표를 넘겨받았다.

"제가요? 아휴, 전 못 해요. 저같이 리더십 없는 사람이 모임을 어떻게 이끌어요. 리더는 아무나 하나요."

파리 날갯짓보다 더 빠르게 손사래를 쳤다. 내겐 엄두도 못 낼 일이었다. 앞에 나서기보다 뒤에서 서포트하는 게 속 편한 '내향인'이기도 하거니와, 기존 노선에 올라탈 수는 있어도 신규 노선을 개설하는 건 능력치 초과라 여겼으니까. 게다가 육아와 살림이라는 사적인 영역에서만 오래 기능해 왔다 보니 나의 공적인 자아는 쪼그라든 상태였다.

그런데 Y님의 말을 곱씹을수록 솔깃했다. 생각의 입자들이 일제히 방향을 바꾸기 시작했다. 그래, 없다면 만드는 것도 방법이야. 수포자 엄마를 위한 수학모임을 만들자.

나 포함 최소 5명은 돼야 시작할 수 있을 텐데, 누구랑 하지? 응해 줄 사람이 있을까? 지인들에게 함께 수학 공부하자고 말하기엔 뭔가 뜬금없고 뻘쭘하다. 엄마표라고 하면 유난스럽게 보는 시선이 부담스러워 선뜻 말이 나오지 않았다.

결국 난 아무에게도 말하지 않으면서 많은 이에게 말하는 방법을 택했다. 정성스럽게 작성한 모임 소개글을 지역 맘카페에 올린 것이다. '수학'을 검색하면 학습지, 문제집, 학원 관련 글이 대부분인 이곳과 그다지 어울려 보이진 않았다. 혼자만 분위기 파악 못하는 느낌이랄까.

그런데 글을 올리자마자 댓글이 실시간으로 쏟아졌다.

3*년째 수포자
저 수포자인데 참여 가능할까요?

고고맘
아이 말고 엄마가 하는 거 맞죠? 신청합니다.

책태기
수학 못해도 정말 괜찮을까요?

항상행복하자♥
수학을 공부한다니 정말 재밌겠어요!

셀프로고통받는중
아이 수학 봐주기 너무 힘들어요. 신청합니다.

    수학에 관심을 내비친 분들이 기대보다 많았다. '수학 잘 하는 엄마 환영, 수학 못하는 엄마는 대환영.'이란 참여 조건이 심리적 허들을 낮추게 한 걸까. 용기 내 주신 그분들께 기꺼이 도움이 되고 싶었다. 아이디어를 구체화하려니 마음이 분주해진다. 머릿속으로 모임 운영을 신나게 시뮬레이션하던 와중에, 쪽지 하나가 도착했다.

> ○○님은 소모임 글을 올릴 자격이 되지 않으니 글을 삭제해 주시기 바랍니다.

    카페 운영진의 메시지였다. 아, 모임을 만들려면 자격부터 갖춰야 하는구나. '작성글 ○건, 댓글 ○건'이라는 조건이 필수였다. 모임을 결성하려면 그간의 활동 이력이 있어야 했다. 카페 활동이 전무한 유령회원이 모집 행위를 하는 건 그쪽 세계에서 불법이었다. 게시글과 함께 그 많던 댓글들도 조용히 사라졌다. 수학모임은 이대로 물 건너가는 건가. 소심하지만 야심찼던 내 의욕도 그대로 떠내려가는 듯했다. 그때, 뭔가가 날 붙들었다.

'내가 여태 왜 그 생각을 못했지?'

서둘러 카카오톡 앱을 실행시켰다. 채팅창을 한참 동안 아래로 내리니 다행히 아직 있었다. 인적은 없지만 분명 거기에 존재했다. '창의수학지도사'와 '보드게임지도사' 자격증 강좌의 수강생들이 모인 단체채팅방이다. 종강 후 친목을 다져 보려 했지만 코로나로 인해 만남이 속절없이 연기됐었다. 통성명만 겨우 하고 기약없이 멀어진 인연이다. 그런데 몇 년간의 공백에도 불구하고 건재하다니, 그렇게 반가울 수가 없었다.

오래된 적막을 깨뜨리며 안부 인사를 나누고 넌지시 수학모임 계획을 전했다. 한 분이라도 참여하신다면 일단 시작해 볼 요량으로. 그런데 감사하게도 여러 분께서 참여 의사를 밝혀 주셨다. 함께 수학 공부하고 싶다는 방구석 염원은 마침내 현실이 되었다.

2022년 11월 8일 첫 만남 후, 우리는 매주 화요일마다 H서점에 모여 수학을 공부하고 있다.

#4

라떼 수학

"전 뼛속까지 문과에요."
"전 수학 머리가 없어요."
"전 수학에서 점수 다 깎아먹었어요."
"전 고등학교 가서 수학 포기했어요."
"전 수학이 너무 싫었어요."

한자리에 모이고 보니 우리는 죄다 수학 흑역사가 있었다. 초중고 12년 동안 수학 때문에 얼마나 괴로웠던가. 졸업과 함께 수학에서 벗어난 줄 알았는데, 엄마가 되자 인생에 수학이 다시 끼어들었다. 아이가 날 닮아 수포자가 될까 어쩌지. 일찌감치 전문가에게 맡기는 게 현명한 것 같은데 여기저기서 가열차게 달리는 거 보면 그렇게까지

해야 하나 싶다가도 거기에 끼지 않으면 불안한, 복잡한 마음. 그렇게 아이 수학으로 머릿 속이 혼란스럽던 중,

"같이 수학 공부 하실래요?"

느닷없는 이 제안이 반가웠다고 한다. 엄마인 내가 수학을 알면 아이에게 도움이 되지 않을까 하는 작은 희망들로 수학모임이 꾸려졌다.

M님은 아이의 수학 문제집이 너무 어렵다고 했다. 정답지를 봐도 이해가 안 되는 문제가 수두룩. 이래서 다들 학원을 보내는 건가 싶다고. 며칠 전 아이에게 사고력 수학 문제를 꾸역꾸역 설명하고 있는데 이를 답답하게 여긴 남편이 "뭘 그걸 가지고 그렇게 쩔쩔매."라며 호기롭게 나섰다고 한다. 그런데 잠시 후, 남편이 내뱉은 한 마디.

"이거 진짜 초등학교 3학년 문제 맞아?"

그렇다. 요즘 수학 만만치 않다. 밴드 페퍼톤스의 멤버 신재평도 한 유튜브 채널에 출연해, 딸이 푸는 수학 문제집을 봤더니 '1부터 100까지 수 중에 숫자 5가 들어가 있지 않은 수는 모두 몇 개인가'라는 문제가 있었는데 초등학교 2학년이 이걸 어떻게 푸나 싶었다며 우리 때와 수준이 다르다고 했다. 카이스트 졸업생도 이러할진대 우리 같은 수포자 엄마들의 체감 난도는 훨씬 더 높을 수밖에.

그래서 우리는 공부할 거다.

초등부터 차근차근
기초부터 차례차례
개념부터 차곡차곡.

#5

30년 만에 다시 만난 세계

 학창 시절 수학을 좋아하지 않았고 잘하지 못했던 엄마들이 수학과 친해질 수 있는 방법을 고민했다. 전 학년 수학 교과서를 파 볼까, 핀란드 수학에 도전해 볼까, 수학 사전을 마스터할까, 기본 문제집부터 파헤칠까. 수학 개념서를 공략해 볼까. 우리 수준에는 무엇이 가장 적당할까.

 일단 문제집은 1순위로 탈락시켰다. 문제집에는 개념이 잘 정리돼 있다. 그게 바로 탈락 이유였다. 앞뒤 맥락, 전후 상황 없이 깔끔하게 요약 정리된 것은 이해보다는 암기를 요구한다. 그렇기에 문제집은 개념과의 첫 만남으로는 적절치 않아 보였다. 개념을 제대로 이해한 후 확인하는 용도가 맞을 듯했다.

 예술에 대하여 김겨울 작가는, "요약된 소설과 압축된

영화와 후렴만 있는 음악은 심장에 도달할 힘을 잃을 것이다. 예술의 경험이란 작가와 향유자가 시간을 함께 견디는 경험이다."*라고 했다.

난 이를 수학의 관점으로 변주하여, '요약된 개념과 압축된 설명과 공식만 있는 수학은 뇌에 도달할 힘을 잃을 것이다. 수학의 경험이란 배우는 자가 생각하는 시간을 견디는 경험이다'라고 말하고 싶다.

수학과 친하지 않은 우리에게는 깔끔한 핵심 정리가 아닌 친절하고 배려 있는 설명이 필요했다.

그런 의미에서 유력한 후보였던 수학 교과서도 제외시켰다. 교과서는 학생들이 수학 개념을 체계적으로 배울 수 있도록 수학 전문가들이 오랜 연구로 만들어 낸 교재다. 전 학년 수학 교과서를 완전 정복할 수 있다면 기본을 탄탄하게 다질 수 있을 것 같았다. 그런데 학교 수업을 전제로 제작된 책이기에 학생에게 친절하진 않다는 단점이 있다. 교과서는 아는 만큼 보이는 책이라서 모르는 사람이 보면 내용이 빈약하다고 오해하기 딱 좋다. 제시된 그림에서 원리를 꿰뚫어 보는 사람이 있는가 하면, 그림은 거들떠보지 않는 사람도 있으니 말이다. 교과서는 지도법을 충분히 숙지한 후 봐야 얻을 게 많다. 교습자와 학습자 쌍방의 교류가 있어야 빛이 나는 책이랄까.

---

* 김겨울, 《겨울의 언어》(2023), 웅진지식하우스, 50쪽

이처럼 교과서는 선생님이 따로 없는 우리 모임과는 어울리지 않는다고 판단해 후보에서는 배제했지만 참고 자료로 활용할 계획을 세웠다. 회원님들에게도 전 학년 수학 교과서를 집에 따로 구비해 둘 것을 권했다.

이런저런 고민 끝에 결국 '수학 개념서'를 택했다. 첫 교재로 고른 강미선 선생님의 《지금 하자! 개념 수학》은 학년별 교과 순서가 아닌 영역별로 개념이 서술되어 있는 책이다. 알록달록 귀여운 삽화와 가독성 좋은 레이아웃 덕분에 얼핏 보면 쉬운 어린이책 같지만, 꼼꼼하게 보면 알게 된다. 다루는 개념이 결코 만만치 않음을. 심지어 꽤 깊다는 사실을. 설명이 쉽다고 해서 내용까지 쉬운 건 아니다. 만약 이 책을 다회독한다면 (수학) 개념 있는 엄마가 될 수 있겠단 예감이 들었다.

우리가 수학을 공부하는 방식은 강의가 아닌 스터디다. 그렇기에 서로가 서로에게 저자세를 취할 필요도 고자세일 이유도 없다. 모임 초기에는 운영자인 내가 설명을 했는데 듣기만 하는 공부는 금세 뇌에서 휘발되기 마련이므로 모두가 주체가 될 수 있는 다른 방식이 필요했다.

그래서 회원님들께 매주 1명씩 돌아가며 진행하기를 제안했고 그게 자연스럽게 받아들여져 지금껏 고수하고 있다. 다소 어려운 아이템을 맡게 되더라도 빼는 일 없이 모두가 자신의 몫을 담담하게 해낸다.

난 개념과 관련한 수학 활동을 준비한다. 해당 내용이 담긴 수학책과 동영상을 소개할 때도 있다. 오늘 공부한 이 개념이 몇 학년 교과과정에 나오는지, 상급 학년에서는 어떻게 확장되는지도 공유한다.

그렇다고 우리가 대단히 비장한 각오로 임하는 것은 아니다. 완벽하게 해내겠다, 빈틈없이 하고 말 테다, 이런 결의보다는 용기가 적극 권장된다. 모르는 것을 모른다고 인정하는 용기. 메타인지라고도 불리는 바로 그 용기. 스스로 인정할 수 있어야 알게 될 기회도 생기는 법이니까. 모르면서 아는 척해 봐야 결국 내 손해라는 걸 이 나이쯤 되니 알겠다. 우린 그렇게 서로가 서로의 이해를 돕는다.

초등 수학을 공부하면서 매주 물음표가 느낌표로 바뀌는 경험을 하고 있다. "왜 이렇게 되지?"에서 "아 그래서 그런 거구나!"로. 우리에겐 타고난 수학 머리가 없는 게 아니라 단지 수학 개념이 머리에 없었을 뿐이다. 나 자신을 오해하고 산 세월이 너무 길었다.

수학으로 닦달하는 사람도 없고 점수에 안달복달할 필요도 없는 어른이 되어 다시 만난 수학은 순수하게 즐겁다. 내 안에 없는 줄 알았던 수학 세포가 존재감을 드러내기 시작했다.

#6

수학, 수다
그리고 수업

수큐브.

수학모임 이름이다. 며칠동안 고심해서 작명한 10개의 후보로 투표를 했는데 익명의 방식이 무색하게 만장일치로 수큐브가 뽑혔다. 입에 착 붙고 의미까지 딱이라는 이유로 순식간에 결정됐다. 수큐브는 모임의 정체성을 그대로 수식화해서 만든 단어다.

$$수학 \times 수다 \times 수업 = 수^3$$

수학으로 수다를 떨면서 수업을 하는 모임. 수학, 수다, 수업 세 단어의 공통 음절인 '수'를 곱했다. 더하는 것보다 곱하면 우리의 집단지성이 더 커지고 견고해질 것만 같아서. 세 번 곱하였기에 세제곱을 뜻하는 영어 단어 큐브(cube)를 조합해 수큐브($수^3$)라고 이름 지었다. 모임명을 정하고 나니 구멍가게에 간판을 내건 것처럼 마음이 번듯해졌다.

하교한 아이에게 투표 결과를 전하자 아이는 수큐브의 로고를 만들어 주겠다고 했다. 얼마 전 학교 컴퓨터 시간에 배운 캔바로 금방 만들 수 있다는데, 뭐바? 캔바? 아는 '바'라고는 쌍쌍바, 바밤바, 누가바, 돼지바밖에 없는 내가 해 줄 수 있는 말은 "해 봐!"뿐이었다. 아이는 핸드폰을 조몰락거리더니 몇 개의 시안을 촤라락 펼쳤다.

"엄마는 이 중에 뭐가 좋아?"

"다 예쁘지만 굳이 고르자면 이게 가장 마음에 들어. 심플하잖아. 깔끔하고."

"그럼 수학 이모들께 이걸로 보내 드려."

내 임무는 컨펌이 아니라 전달이었던 것이다.

단체채팅방에 로고 이미지를 전송하자 세상 어디에도 없는, 오직 수큐브에만 존재하는 수학 이모들이 반색해 주었다. 마치 개업을 축하하는 화분을 받은 듯이. 아이가 선물이라며 내가 모임에 자료를 담아 가는 투명파일 앞에 인

쇄한 로고를 큼지막하게 붙여 줬는데, 수큐브의 '수'가 서울대의 '샤' 마냥 반짝반짝 빛났다.

다음 날 아침, 아이를 배웅하며 "학교 잘 다녀와. 좋은 하루 보내." 인사하고 주방으로 향하려는데 현관문에서 다급한 띠띠띠띠 도어락 소리가 들려 왔다. 뭘 두고 갔나 싶어 부리나케 달려가니 빼꼼히 열린 문틈으로 아이의 반쪽 얼굴이 보였다.

"엄마도 오늘 수큐브 잘 다녀와. 좋은 하루 보내."

경쾌한 인사를 건네고는 엘리베이터 문이 닫힐세라 후다닥 뛴다. 엄마에게 그 말 해 주려고 가던 걸음을 되돌려 왔구나. 엄마의 사생활을 존중해 준 그 마음이 애틋하고 갸륵하고 고마워서 멀어지는 아이의 뒤통수에 대고 씩씩하게 소리쳤다.

"엄마 수학 공부 열심히 하고 올게!"

#7

화요일에
만나요

"매일 하는 것만 루틴이 아니에요."

수큐브 회원님들과 함께 갔던 김미경 강사의 강연에서 들은 말이다. 매일 하는 것만이 루틴이 아니라, 일주일에 한 번도 루틴, 한 달에 한 번도 루틴, 1년에 한 번도 루틴, 꾸준히 하기만 한다면 모두 다 루틴이라고 했다. 그러니 중도에 포기하지 말고 계속 하라고 했다. 그게 뭐가 됐든 말이다. 루틴은 그런 거였다. 지치지 않고 꾸준히 하는 힘.

우리에게는 화요일 루틴이 있다. 처음에는 여느 독서 모임처럼 한 달에 한 번, 혹은 격주에 한 번 만날 것을 계획했는데, 그럴 경우 진도를 한 번에 몰아치거나 한없이 늘어질 우려가 있었다. 그렇다고 자주 모이자는 말은 차마 꺼낼 수 없었다. 꼬박꼬박 시간과 에너지를 할애한다는 게 어디 그리 쉬운가. 수포자 어른이 수학을 다시 공부하겠다는 엄청난 결심이 부담감에 사그라질까 봐 망설여졌다.

그런데 모임 첫날, 한 분이 "일주일에 한 번씩 모이는 건 어때요?"라고 운을 떼었고 모두가 흔쾌히 주 1회로 입을 모았다. 우리의 화요일 수학은 그렇게 단숨에 시작되었고 3년이 흐른 지금까지도 건재하다.

화요일과 화요일 사이, 일주일 동안 일상을 정성스럽게 영위하고 화요일이 되면 수학을 매개로 다시 한자리에 모인다. 근황 토크가 한바탕 지나가면 개념 공부를 시작한다. 발표는 1인 1챕터(개념서 기준)를 기본으로 매주 2명이 맡는데 보통 3주마다 차례가 돌아온다. '발표하다'보다 '소개하다'라는 동사가 더 적합한 표현일 수 있겠다. 담당한 내용을 성의껏 소개하고 나서는 질문을 던지고 받으며 이해 낙오자가 없도록 돕는다. 사실 그날 가장 많이 배워 가는 사람은 발표자다. 타인에게 설명하면 발표를 위해 미리 공부한 것들이 한층 더 선명해지고 또렷해지니 말이다. 그렇기에 2시간여의 모임이 끝나고 나면 뒷맛이 깔끔하다.

분담 스케줄은 대체로 잘 지켜지지만 간혹 피치 못할 사정이 생겨 불참하는 회원님이 있을 경우, 다른 회원님들이 기꺼이 순서를 바꿔 준다. "그럼 제가 할게요."가 서슴없다. 엄마의 일상은 아이라는 변수에서 자유롭지 못함을 서로가 익히 잘 알기에 우리에게 그 정도의 양해는 자연스럽다. 내가 빠진 빈틈을 누군가 채워 주고 난 또 누군가의 빈자리를 메워 주면서 수학 진도는 무사히 나아가고 화요일 루틴은 무탈하게 굴러간다.

그렇게 함께해 온 역사가 벌써 3년이 다 되어 간다. 혼자 하는 루틴은 '의지'에 달렸지만, 여럿이 함께 하는 루틴은 '의지'만으로는 불충분하다. 지속을 가능하게 하는 것은 '의리'다.

엄마들의 의리는 각별하고 따뜻하다.

#8

수학의
다단계

모임 전날에는 단체채팅방에 이번 주 모임을 공지한다.

📢 　내일 주제는 〈평면도형의 넓이〉입니다. 막대자를 준비해 주세요.

공지를 올린 후 인원수보다 여유롭게 모눈종이를 출력했다. 내일은 모눈종이에 직접 도형을 그려 보면서 넓이 개념을 공부해야지. 눈으로 쓰윽 훑는 것보다 손으로 직접 해 보는 게 더 드라마틱하니까. 누군가를 위해 뭔가를 준비하는 과정은 언제나 설렌다. 그게 수학이 될 줄은 꿈에도 몰랐지만.

직사각형 넓이를 구하는 공식이 왜 (가로×세로)인지를 알게 됐을 때의 충격. 회원님들의 반응도 예전의 나와 비슷했다. 새삼스러운 수학 개념에 모두의 눈동자가 반짝인다. 이때가 바로 한 단계 나아갈 찬스다. 반듯한 도형을 비스듬히 기울이면 넓이는 어떻게 구해야 할까. 회원님들에게 평행사변형을 그리라고 주문했다. 엄마들 여럿이 커피숍 테이블에 둘러앉아 모눈종이에 열심히 도형을 그린다. 이 순간 우리는 꽤 진지하다.

　"다 그리셨으면 이제 평행사변형에 $1cm^2$ 정사각형이 몇 개 있는지 세어 보세요."

　　순간 회원님들이 당황한다. 그런데 그것도 잠시, "아!!!" 소리가 여기 저기서 터진다.

　"이걸 여기다 잘라 붙이면 직사각형이 돼요. 이 직사각형 넓이가 평행사변형 넓이랑 똑같아요."

　　그제서야 예전에 배웠던 공식이 자연스럽게 오버랩되면서 감을 잡아 간다. 각자 자신이 직접 그린 삼각형, 마름모, 사다리꼴을 들여다보며 넓이 계산하는 방법을 궁리하다가 결국 알아냈다.

　"아이랑 집에서 해 봐야겠어요."

　　난 여분의 모눈종이를 나눠 드렸다. 수학모임 덕분에 아이와 대화할 거리가 다양해졌다는 D님의 말이 반갑다. 한 엄마에서 여러 엄마로, 그게 다시 아이들에게로 수학이 전파된다면 이걸 수학의 다단계라 불러도 될까. 앎의 다단계.

다음 주 주제는 〈입체도형의 부피〉다. 부피 개념을 무엇으로 설명하면 좋을까. 그래, 쌓기나무를 챙겨와야겠다. 쌓기나무로 직육면체를 직접 쌓아 보면 부피 구하는 공식이 왜 (가로×세로×높이)인지 알 수 있을 거야. 다음 주에 우리는 이 자리에서 쌓기나무를 쌓았다 허물었다를 반복하겠지. 식어 가는 커피를 옆에 두고 두 눈을 반짝이면서.

#9

어쩌다,
빙의

오늘 스터디 주제는 '파스칼의 삼각형'이다. 초면인 줄 알았는데 구면이었다.

"어? 이거 사고력 수학 문제집에서 봤는데?"

"아이가 며칠 전에 이런 문제 풀었어요."

"이게 이름이 있는 줄 몰랐어요."

사고력 수학 문제집에서 많이 보던 이 삼각형이 문제를 위해 특수 제작된 줄 알았지, 이렇게 역사가 깊은 삼각형인 줄 진정 우린 몰랐네.

파스칼의 삼각형은 자연수를 삼각형으로 배열한 것인데, 여기엔 수학자들이 발견한 수의 규칙이 담겨 있다. 발표자 J님의 리드로 여러 규칙들을 구경했다.

파스칼의 삼각형은 까도 까도 나오는 나오는 수학계의

양파 같았달까. 아니, 수학자들은 이런 규칙을 대체 어떻게 찾았대. 파스칼의 삼각형을 앞에 두고 우리도 잠시 수학자의 뇌로 생각하는 경험을 했다. J님의 발표가 끝나자 난 복사해 온 문제를 나눠 드렸다.

"파스칼의 삼각형은 규칙 찾는 문제에서 많이 보셨을 거예요. 이건 《최상위 수학》 4학년 규칙 찾기 단원에 나온 문제인데 우리도 한번 풀어 볼까요?"

제시된 파스칼의 삼각형에서 색칠된 수의 규칙을 알아내는 문제였다. 3분간 깊은 정적이 흘렀다. 다들 초집중하셨구나. 이 얼마나 바람직하고 아름다운 광경인가. 몰입을 방해하면 안 되니까 잠시 더 기다렸다가 천천히 입을 떼었다.

"규칙 찾으셨어요?"

그러자 오늘 발표자인 J님이 고개를 갸우뚱하며 말한다.

"문제를 이해하지 못했어요."

H님은 "한국말인데 왜 이해가 안 될까요?"

D님도 "이게 4학년 문제예요?"

M님은 "문제 이해 못한다고 애를 혼낼 일이 아니었네요."

문제의 지문이 여섯 줄이었는데 이 문턱을 넘는 것부터 쉽지 않았다. 지문을 한 문장씩 끊어 읽자, 회원님들은 금세 규칙을 찾아냈다.

그동안 "문제 똑바로 안 읽을래?"라면서 얼마나 애를 잡았던가. 우리는 오늘 프랑스 수학자 파스칼에 빙의한 게 아니라 대한민국 초등학생에게 빙의한 것일지도. 아이의 문해력을 걱정하기 전에 어른의 문해력부터 챙기기로 다짐해 본다. 애 책 말고 내 책.

#10

이런 건
어디에서 배우나

1 one

2 two

3 three

4 four

5 five

6 six

7 seven

8 eight

9 nine

10 ten

11 eleven

12 twelve

13 thirteen

14 fourteen

15 fifteen

16 sixteen

17 seventeen

18 eighteen

19 nineteen

왜 13부터 -teen이 붙을까
왜 11,12에는 -teen이 없을까
왜 규칙은 13부터 시작할까

12진법의 옛 흔적이라는 걸
영어 시간에 배우나
수학 시간에 배우나
오직 수학모임에서 배우지

1년이 12달이고
낮과 밤이 각각 12시간인 것도
고대의 12진법에서 비롯됐음을
역사 시간에 배우나
수학 시간에 배우나
우린 다 수학모임에서 배웠지

#11

그건 끝이 아니라 시작

H님은 질문이 많은 편이다. 대충 아는 척하고 넘어가는 법이 없다. 아는 것 같은 느낌과 타협하지 않고 스스로 납득이 될 때까지 읽고 묻고 듣는다. 특히 '약수와 배수' 파트에서 질문이 많았다.

"약수가 뭐예요?"

"배수가 뭐예요?"

"공약수는 뭐고 공배수는 뭐예요?"

"최대공약수가 뭐였죠?"

"최소공배수가 뭐였더라?"

"뭐가 최대이고 최소인지 자꾸 헷갈려요."

"약수와 배수는 왜 배우는 거예요?"

"최대공약수와 최소공배수는 왜 이런 방법으로 구해

요?"

개념서에 나와 있는 내용만으로 이해가 되지 않으면 이렇게 계속 질문하면서 확인했다.

H님의 파고드는 질문은 모두에게 필요한 질문이다. 초등 5학년 수학을 어렵게 만드는 주범이 바로 이 약수와 배수 아니던가. 게다가 배운 지 30년이 지나서 다시 만났으니 어려운 건 너무나 당연하고, 확실히 짚고 넘어가야 하는 것도 맞다. 대충 때우려고 했다간 금세 발목이 잡히고 말 테니까.

"아, 이제 이해됐어요."

개운해진 H님의 표정을 보니 덩달아 나도 기분이 좋아진다.

그로부터 약 6개월 후 우린 '약수와 배수'를 복습했다.

"어? 저 그때 분명 다 이해했다고 생각했는데 지금 보니 약수와 배수가 또 헷갈려요."

다시 질문과 대답이 이어지고 나서, H님이 자체 진단을 내렸다.

"제가 그때는 분명 알았는데 왜 다시 모르게 됐는지 알겠어요. 이해했으면 복습하면서 암기를 해야 해요. 이해를 했어도 암기를 안 하면 잊어버리기 쉬워요. 그래서 암기하지 않은 이해는 공부가 아니에요. 선이해 후암기."

H님의 직업은 영어 선생님이다. 선이해 후암기, 학생

들에게 늘 하던 말인데 정작 본인 공부에서는 잊었노라 했다.

    암기는 나쁜 게 아니다. 오히려 권장되어야 한다. 이해 없는 암기 말고, 이해 충만한 암기.

#12

네모의 꿈은
그게 아니고

 수학 진도를 나가기 전, 각자의 근황을 업데이트한다. 지난주에 참석하지 못했던 E님의 안부부터 듣기로 했다.
 "어제 저녁 연산 문제집 풀리다가 애랑 한바탕했어요."
 그 고충을 어찌 모르겠는가. 수학으로 지지고 볶는 일상은 어느 집에나 있기 마련인걸.
 "무슨 문제 때문에요?"
 "어떤 수 구하는 문제 있잖아요. □가 중간에 있으면 아이가 못 풀더라고요. 받아올림, 받아내림도 다 잘 하는데 □만 나오면 다 틀리는 거예요. 진짜 겨우 풀었어요."
 "어떻게요?"
 애쓰셨다는 말을 입 안에 머금고 기다리는데 전혀 예상치 못한 답변이 돌아왔다.

"남편이 이항을 알려 줬어요."

E님의 아이는 이제 1학년이다. 중학교 1학년이 아닌 고작 초등학교 1학년. 유치원생에서 초등학생으로 격상된 지 아직 한 학기도 되지 않았다. 놀라긴 다른 회원님들도 마찬가지. H님이 열을 띠며 말했다.

"이항을 벌써 알려 주면 어떡해요. 우리가 수학을 왜 배우는데!"

초등학교 저학년이 □를 받아들이는 건 결코 쉽지 않다. 미지수 x를 친근하게 □라고 표현했을 뿐 엄연한 방정식이다. 아이가 이런 문제를 유독 어려워하는 건 절대 수학 머리가 없어서가 아니다. 등호는 물론이거니와 항이 뭔지, 등식의 성질이 뭔지, 양의 정수와 음의 정수가 뭔지도 모르는 아이에게 대뜸 이항을 알려 주는 게 과연 아이를 위한 걸까?

수학으로 산전수전 공중전 다 겪어 본 20년 경력의 어느 고등학교 수학 선생님은 초등학생 자녀가 수학 문제를 물어보면 일단 해답지부터 확인한단다. 설마 몰라서 그러겠는가. 아이에게 어느 수준으로 말해 줘야 할지를 미리 파악하기 위해서다. 다 알기 때문에 오히려 조심하는 거다. 초중고 수학 전 교과과정에 빠삭한 전문가도 아이에게 선불리 수학을 누설하지 않는데, 하물며 수포자인 부모라면 더 신중해야 하지 않을까.

"그러면 그런 문제는 아이한테 어떻게 말해 줘야 해

요?"

E님이 묻자 D님이 왼손바닥과 오른손바닥을 내보이며 말했다.

"애들한테는 '저울'이 제일 쉬워요. 등호를 기준으로 왼쪽과 오른쪽이 같다는 것부터 알려 줘야 해요."

아이가 등호의 개념을 이해했다면 이제부터는 □를 찾기 위해 요리조리 짱구를 굴려 봐야 한다. '여기서 얼마큼을 빼야 양쪽이 같아질까. 이만큼을 뺐는데도 이쪽이 크네. 더 빼야겠다. 이번엔 너무 많이 뺐나 봐. 더 작아졌잖아. 조금 늘려 봐야지.' 아이에게는 이런 과정이 필요하다. 부모 눈에는 단번에 답을 찾지 못하는 아이가 부족해 보일 수도 있지만 수를 가지고 이리저리 헤매는 동안 아이의 '넘버 센스'는 조금씩 자란다. 그렇게 생각하는 경험이 쌓이다 보면 아이 스스로 방법을 터득하는 순간이 온다.

수학을 다시 공부하면서 그동안 놓쳤던 디테일에 주목하게 된다. 당장 눈앞의 문제를 맞히는 것보다 더 중요한 것이 무엇인지 이제야 슬슬 보인다. 수학 겉핥기는 역시나 맛없다. 수학은 속핥기가 진짜 제맛이다.

#13

수학이라는 언어

오늘 스터디 주제는 함수였다. 함수식을 나타내는 수학 기호 $f(x)$의 f가 function의 앞 글자임을 언급하자, H님이 놀라워했다.

"$f(x)$의 f가 function이에요? 처음 듣는 말이에요. 그러고 보니 한 번도 이 f가 뭔지 궁금해한 적이 없어요. 이게 function이었다니. 그러니까 주어진 식이 어떤 '기능'을 한다는 거죠? 이제야 함수가 이해되네요."

수학도 일종의 언어다. 언어를 이해하면 수학이 한결 쉬워진다.

"아이돌 그룹 중에 에프엑스 있잖아요. 이름 너무 잘 짓지 않았어요?"

"아, 그 에프엑스가 그 $f(x)$에요? 생각도 못했네."

$$y = f(x)$$

　x값에 어떤 수를 넣으면 주어진 식에 의해 y값이 정해지는 것처럼, 우리는 우리 식대로 노래하고 춤추겠다는 강력한 의지. 그들 자체가 $f(x)$였다. 수학자 오일러가 처음 사용한 수학 기호 $f(x)$를, 200년 후 이수만 프로듀서가 케이팝에 차용했다. 10대들이 자주 접하는 단어들 중에서 골랐다는데 의미까지 완벽한 센스 넘치는 작명이다.

　function의 중국어 발음은 '한슈', 이것을 한자로 옮기면서 函數(함수)가 되었다. 음보다는 뜻을 잘 살린 번역이라고 할 수 있다. '함'이 한자로 상자라는 걸 염두하고 다시 함수를 보면, 어떤 값을 특수 상자에 넣으면 새로운 값이 나온다는 의미가 된다. 상자에 수를 입력하면 새로운 수가 출력된다니, 이 函數(함수)란 이름도 꽤 훌륭하지 않은가.

　얼마 전 포스트잇에 함수 상자를 그려서 시선이 자주 닿는 곳에 딱 붙여 놨다. 마치 부적처럼. 금전운 건강운 애정운 다 필요하지만 지금 내게 가장 절실한 아이디어운을 부르기 위해. 광고 카피라이터였던 김하나 작가는 창의력을 실행하는 데 유용한 도구로 이 '함수 상자'를 적극 추천했다. 이 상자에는 '어떻게 하면 더 나을까?'란 기능이 탑재되어 있다. 아이디어가 필요할 때 이 함수 상자를 떠올리면 분명 원하는 결과가 아래쪽으로 튀어나올 거라고 했

다. 함수 상자를 보고 있으면 은연중에 더 나은 방법을 고민하게 된다면서.

"늘 함수 상자를 떠올리는 연습을 하면, 불만족스러운 상황 앞에서 짜증만 내기보다는 '더 나은 상황을 만들기 위해서는 어떻게 해야 할까?'라고 생각하게 돼요."*

지금도 키보드를 두들기다 고개를 들어 함수 상자를 쳐다본다. 어떻게 하면 수학을 쉽게 전달할 수 있을까? 함수 상자가 무언가를 꺼내 줄 때까지 계속 그렇게 보고 또 본다.

---

* 김하나, 《당신과 나의 아이디어》(2021), 세개의소원, 230쪽

#14

오늘도
우상향

오늘 스터디는 약수로 시작해서 소수를 거쳐 소인수분해로 이어졌다.

"소인수분해가 이런 거였어요?"

학생 때는 뭔지도 모르고 하라는 대로 했었는데 이제 그 의미를 이해했다는 회원님들에게 난 1,000을 소인수분해해 보자고 했다.

"수가 너무 커서 못 하겠어요."

"할 수 있어요. 반드시 2로 시작할 필요는 없어요. 수를 큼직하게 생각해 보세요."

잠시 후, 못 하겠다던 J님이 1,000을 소인수분해하는 데 성공했다. 절로 박수가 나왔다. 1,000을 소인수분해한 후 1,000의 약수도 알아냈다.

"1년 전에는 J님이 포기하셨는데 해내셨네요. 아주 잘하셨어요."

다정한 J님은 이게 다 모임을 만들어 준 내 덕분이라며 칭찬을 힘껏 토스한다.

어른이 되고 나서는 칭찬받을 일이 잘 없다. 뭘 해도 당연한 일을 한 게 되니까 아무도 잘했다고 말하지 않는다. 그런데 수학을 공부하면서 서로에게 칭찬을 건넬 일이 많아졌다. 누구보다 잘 해서가 아니라 과거의 나보다 잘하게 돼서. 몰랐던 걸 알게 되고 못하던 걸 하게 돼서. 우리의 수학 머리는 야금야금 성장 중이다.

#15

별게 다
수학

요즘 들어 부쩍 수학이 눈에 들어온다. 오늘은 주방세제 용기에 리필용 세제를 붓다가 발견했다. 세제 사용량. 여태 설거지한 세월이 얼마인데 왜 이제서야 봤을까. 왜 그동안은 한 번도 볼 생각조차 하지 않았을까. 세제통 뒷면에는 깨알 같은 글씨로 이렇게 쓰여 있었다.

[표준사용량] 물 1ℓ에 세제 1㎖

주방세제를 수세미에 바로 짜지 말고 물에 희석시켜서 쓰라고? 물 1ℓ(리터)에 세제 1㎖(밀리리터)가 얼마큼인데?
물 1ℓ는 생수 500㎖ 두 병이니까 가늠하기 쉬웠다.

500㎖+500㎖=1000㎖=1ℓ

그렇다면 세제 1㎖는 어느 정도일까. 밥숟가락이 10㎖이니까 그것의 $\frac{1}{10}$, 찻숟가락은 5㎖이니까 그것의 $\frac{1}{5}$ 정도에 해당한다. 세제 1㎖는 생각보다 굉장히 적은 양이었다.

수세미에 한 번 짜서 쓰는 양만 해도 1㎖는 훌쩍 넘을뿐더러 거품이 없어질 때마다 짜 댔으니 그동안 얼마나 많은 세제를 낭비한 걸까. 거품이 뽀글뽀글 풍성할수록 뽀득뽀득 잘 닦인다는 건 완전한 오해였다. 세제 사용량이 늘면 오히려 식기에 세제가 남을 수 있고 깨끗이 헹궈 내려면 더 많은 물이 필요하니 여러모로 막심한 손해다.

혹시 이 사실을 나만 몰랐던 건가 싶어 수학모임 단체 채팅방에 질문을 올렸다.

> 설거지할 때 주방세제를 어떻게 사용하세요?
> 1. 수세미에 바로 묻힌다
> 2. 물에 풀어서 쓴다

전원이 1번이었다. 아무도 세제 사용법을 본 적이 없었다. 보이지도 않게 그렇게 조그맣게 써 있는데 무슨 수로 봐. 소비자의 알 권리가 이렇게 코딱지만 할 수 있나. 세제

회사가 의도한 것인가 아니면 소비자가 간과한 것인가. 여하튼 우리는 모두가 세제를 과소비하고 있었다.

그 날 이후, 난 세제를 반드시 물에 희석해서 사용한다. 세제 사용량이 줄었어도 세정력은 별 차이 없다. 세제 한 통을 오래 쓰게 된 건 덤.

수학을 알면

세제도 아끼고

물도 아끼고

돈도 아끼고

환경도 아끼고

미래도 아낄 수 있다.

#16

길거리
캐스팅할 뻔

 토요일 오전, 동네 커피숍에 들렀다. 학원가라는 동네 특성상 이 시간대는 학원 숙제하는 학생들과 대기하는 부모님들로 북적북적하다. 테이블 위는 각종 문제집이 점령 중이다.
 겨우 자리를 잡고 앉았는데 정면 시야로 생경한 물건이 눈에 들어왔다. 여기에 저게 있다고? 이질감과 반가움이 동시에 느껴졌다. 혹시 내가 착각한 건가. 수학 공부 열심히 하더니 헛것을 봤나. 아무래도 재확인이 필요하다. 무심한 척 두리번거리면서 그쪽으로 눈동자를 굴렸다.
 맞다. 확실하다. 제대로 봤다. 그것은 수학 교과서가 맞았다. 이곳에서 문제집은 흔하지만 교과서는 '희귀템'이다. 비단 여기뿐이랴. 이제는 집에서조차 교과서를 구경하기 힘들다. 시간표에 맞춰 책가방을 챙겨 다니던 우리 세대와 달리 요즘 아이들은 학교 사물함에 교과서를 두고 다니기 때문에 부모가 따로 챙기지 않는 이상 교과서를 볼 일은 거의 없다. 문제집의 위세에 눌려 교과서의 존재감이 미약해진 탓도 클 테고.

기본이라서 중요한데 정작 기본이라고 외면받는 교과서의 신세를 애석하게 여기던 차에, 바로 지척에서 그것도 학원가 한복판에서 발견하니 절로 마음이 끌린다. 실례를 무릅쓰고 힐끔거렸다. 한 여성분이 초등학교 4학년 2학기 수학 교과서와 심화 문제집을 나란히 펼쳐 두고 꼼꼼한 눈길과 손길로 양쪽을 비교하며 보고 있다. 1학기 책들은 이미 차례가 끝났는지 테이블 한켠에 단정히 놓여 있는데 전부 매끈하고 말끔한 새책들이다.

3월 새 학기가 아닌 10월에, 게다가 학교 수업이 없는 토요일에, 수학 교과서를 챙겨 온 섬세함으로 미루어 짐작건대 개념을 중시하는 분 같다. 묘한 동질감이 느껴졌다. 아이에게 무엇을 풀릴지에 앞서 아이가 무엇을 배우는지를 먼저 파악하는 저 분께 수학모임을 영업하고 싶다.

이럴 줄 알았으면 수큐브 명함이라도 하나 파놓을 걸. '도를 아십니까?'로 오해받을까 봐 차마 다가갈 수는 없었다. 마음속으로만 슬며시 말을 건네 본다.

'수학을 아십니까?'

#17

틀린 문제에
대처하는 법

    예전에는 아이가 정답과 다른 답을 써 놨을 때 성질이 났다. '아니, 이걸 왜 틀려!' 빽 소리 지르고 싶은 걸 가까스로 참았다. 간신히 억누르고 있는데 그런 엄마 마음을 알 리 없는 아이는 자신이 틀렸다는 사실에 짜증을 냈다. 때로는 울고 불고 난리를 쳤다. 결국 나의 얕은 인내심은 바닥을 드러내며 터지고야 만다.

    "엄마는 네가 틀린 거 때문에 혼내는 게 아니야. 틀리면 다시 풀면 되지. 화낸다고 달라지는 건 없어. 그렇게 울면 오히려 생각을 못해. 찬찬히 다시 풀어 봐."

    그때는 내가 훈육을 잘 했다고 착각했다. 그리고 속으로는 아이 탓을 했다. 하나만 틀려도 용납 못하는 너의 완벽주의 기질 때문이라고.

그런데 아니었다. 그건 철저히 엄마인 내 잘못이었다. 문제는 아이가 아니라 나한테 있었다.

어느 날 아이와 실랑이하다가 화장실을 갔는데 거울 속 내 얼굴에 흠칫했다. 와, 너무 못생겼어. 이렇게 못마땅한 표정으로 그동안 아이에게 틀려도 괜찮다는 말을 했다고? 눈빛은 차갑고 미간은 찌그러지고 볼근육은 잔뜩 경직된 이 상태로?

아이에게 미안해졌다. 입으로 괜찮다는 대사만 읊으면 뭐 하나. 표정은 전혀 괜찮지 않은데. 안면근육으로는 틀리면 어떡하냐고 최선을 다해 타박했으면서.

그때는 몰랐다. 아이는 엄마의 말이 아닌 '표정'을 믿는다는 것을. 엄마의 서늘한 낯빛을 감지한 아이는 본능적으로 방어기제를 작동시켰으리라. 나도 열심히 했다고. 틀리고 싶어서 틀린 게 아니라고. 잘 하고 싶었는데 틀려서 나야말로 진짜 속상하다고. 이런 말들이 짜증으로 표출됐던 게 아닐까. 틀리면 못 견디는 건 아이가 아니라 나였다. 아이의 완벽주의 기질은 내가 만든 허울일지도 모른다. 나야말로 어설픈 완벽주의자였다.

그랬던 내가 수학을 공부하면서 변했다. 아이의 틀린 문제를 마주해도 마냥 화가 나지 않더라. 풀이 흔적을 보면 아이가 '어디까지 생각했는지'가 훤히 보이기 시작했다. 문제 자체를 이해하지 못한 건지, 관련된 개념을 모르는 건지, 잘 해 놓고 마지막 연산에서 실수한 건지, 주어진 조건을 놓친 건지, 구해야 할 것을 착각한 건지, 문제에 제시된 숫자를 잘못 본 건지, 본인의 악필을 본인이 못 알아본 건지, 옮겨 적는 과정에서 불찰이 있었던 건지, 시도조차 하지 않고 냅다 별표부터 친 건지, 이것저것 다 해 봐도 풀리지 않아서 어쩔 수 없이 별표를 친 건지.

아이가 틀린 이유는 문제별로 상황별로 다양했다. 전혀 짐작이 되지 않을 때는 아이에게 직접 물어봤다. 원인 파악이 되니 해결책을 찾기가 한결 수월해졌다.

수학을 몰랐을 때는 맞혔나 틀렸나만 신경 썼는데 중요한 것은 채점이 아니었다. 채점은 공부의 끝이 아니라 시작이라는 것을 이제 알겠다. 틀린 문제에서도 아이가 잘한 구석이 먼저 눈에 들어온다. 맨눈으로 살다 처음 안경을 쓴 날, 뿌옇던 글자 덩어리들이 한 글자 한 글자 선명히 보이는 그 느낌과 비슷하다. 틀린 와중에도 아이의 애씀이 곳곳에서 보인다. 아이의 노력을 알아보는 눈이 생겼다.

"여기까지는 진짜 잘했다."
"계산할 때 실수했네."
"그래도 개념은 제대로 알고 있구나."
"다 해 놓고 괄호 안의 조건을 놓쳤네."

"접근은 기발했는데 이 부분에서 막혔구나."
"이렇게 저렇게 생각 많이 했네."

내가 달라지자 아이도 달라졌다. 예전에는 "엄마, 지금 채점하지 말아 줘. 내가 열심히 풀었는데 바로 틀렸다고 하면 기분 나쁘거든. 좀 이따 해 줘."라고 했는데 요즘은 "엄마 나 오늘은 진짜 자신 있어. 지금 채점해 줘. 궁금해."라고 하는 걸 보면. 설사 틀렸다 해도 전보다 심적 타격이 줄었고 자신의 오류를 당당하게 마주할 용기가 생겼다.

너도 나도 수학이 점점 할 만해진다.

#18

아는 것이
(기다릴 수 있는) 힘이다

어느 날 저녁, 우리 중 수학을 가장 잘했던 공대 출신 D님이 단체채팅방에 수학 문제를 사진 찍어 올렸다. 쌍둥이 아이들이 틀려서 혼낸 문제인데 직접 풀어 보니 초등 3학년 심화임에도 수준이 꽤 높다고 했다.

회원님들은 각자 연습장에 끄적거린 풀이를 채팅창에 공유했고 결코 쉽지 않은 문제임을 모두가 인정했다. D님은 아이들에게 즉각 사과하고 함께 생각해 보자며 칠판에 문제를 크게 써 놨단다. 오가는 대화 속에서 아이들은 결국 방법을 찾아냈다.

수학을 공부하고 달라진 점은, 곧장 알려 주지 않고 기다린다는 거다. 생각의 주체는 엄마가 아니라 아이가 되어야 하므로. 그래서 아이가 헤매고 있을 때 말해 주고 싶어서 입이 근질근질해도 참는다. 수학의 덕목은 '스스로 생각하는 힘'이고 엄마의 미덕은 '기다림'이기에. 엄마가 수학을 알아야 생각할 거리를 던질 수 있고 기다릴 여유도 생긴다.

#19

수학의 맛

　수학을 공부하고 내게 일어난 가장 극적인 변화는 정답지 의존도다. 문제집의 풀이를 유일한 해법으로 생각하지 않게 됐다. 그건 그 책을 집필한 ○○○씨의 소중한 의견이다. 어디까지나 사실이 아닌 의견. 채점하고 나서 풀이도 반드시 보는데 ○○○씨는 나와 풀이가 같은지 다른지, 다르다면 어떻게 다른지, 어떤 방법이 더 아름다운지를 확인하기 위해서다. 생각이 같을 때는 기분 좋고 다를 때는 짜릿하다.
　수학 문제에 정답은 하나지만 정답으로 가는 방법은 매우 많다. 그 다양성을 인정해 줘야 수학이 재밌어진다. 내가 수학을 공부하면서 가장 신날 때는 아이가 푼 풀이와 내가 푼 풀이, 정답지의 풀이가 모두 다를 때다.

"넌 어떻게 풀었어?"

"엄마는 어떻게 풀었어?"

"어떻게 그런 생각을 했어?"

"왜 그렇게 되는 거야?"

"이렇게 하면 어때?"

한 문제를 놓고 아이와 나누는 이런 대화들. 정말이지 너무 재밌다. 이때야말로 수학할 맛 난다. 너의 생각을 들어 보고 나의 생각을 들려 주는 시간이 즐겁다. 서로의 다름을 비교하고 인정하면서 서로에게 배우는 시간.

내가 수학을 공부하지 않았다면 아이와 이런 대화를 나눌 수 있었을까. 정답지의 풀이만이 옳으니 허튼 생각 말고 이대로만 하라고 아이에게 강요하지 않았을까. 좁은 틀 안에 아이를 구겨 넣으려 하지 않았을까.

학생의 신분이었을 때는, 수학의 목적이 오직 '답'을 찾는 데 있다고 생각했다. 그런데 부모가 되어 수학을 다시 공부하고 보니 '답을 찾아가는 과정 자체'가 수학인 것 같다.

그렇기에 아이가 누군가 정해 놓은 모범답안을 의심 없이 따르기보다, 자신의 생각을 계속 의심하면서 빈틈없는 논리를 만들었으면 한다. 아이 옆에서 더더더 부추겨야지. 너 스스로 생각하라고. 생각하는 것도 습관이라고. 그게 바로 수학을 공부하는 이유라고.

어렸을 때부터 다져진 이 생각의 잔근육들이 아이의 수학 인생에 보탬이 될 거라 기대하며, 오늘도 설렘을 담아 묻는다.

"어떻게 풀었어?"

#20

괜히
삼각형일 리 없지

수학 책이 아닌 책에서 수학 용어를 마주칠 때가 있다. 가령 소설이나 시와 같은 순수 문학에서. 예전 같았으면 무심히 지나쳤겠지만, 이젠 그럴 수 없게 됐다.

'엄마와 아빠는 반대로 뻗어 나가는 직선의 양 끝점처럼 어울리지 않는 사람들이었다.'*

소설 주인공의 엄마와 아빠는 달라도 너무 달랐다. 똑같은 상황을 두고도 "별일 아니야."라고 덤덤히 넘기는 아빠와 달리, 엄마는 "보통 일이 아니네."라며 발끈했다. 이토

* 문지혁,《중급 한국어》(2023), 민음사, 113쪽

록 관점과 기질이 다르다면 함께 살면서 부딪칠 일이 얼마나 많았겠는가. 하나부터 열까지 접점이라고는 전혀 없던 두 사람. 어린 주인공의 눈에는, 엄마와 아빠의 관계가 '직선'처럼 보였다.

왜 하필 직선일까. 직선은 그냥 자로 찍 그은 선이 아니다. 수학에서 '직선'의 정의는 무엇인가. 직선은 양쪽이 끝없이 뻗어 나가는 곧은 선이다. 끝이 존재하지 않는다. 오로지 방향만이 존재한다. 직선에 길이 표시가 없는 이유다. 엄마와 아빠는 결코 만날 수 없는 방향으로 계속 뻗어 나가는 관계. 영영 가까울 수 없는 사이.

'비로소 나는 그들이 끝내 이혼하지 않았던 이유를 깨닫게 됐다. 그들은 직선이 아니라 삼각형이었고, 내가 몰랐던 그들의 세 번째 꼭짓점은 바로,
나였다.'*

세월이 흘러 남편이 되고 아빠가 된 주인공은 문득 깨닫는다. 엄마와 아빠는 직선이 아니었다는 것을. 그저 길이가 아주 긴 선분이었을 뿐.
선분이란, 두 점 사이를 곧게 이은 선이다. 선분도 직선의 일부니까 엄마와 아빠가 자신의 일부를 희생했다고

*   문지혁, 같은 책, 115쪽

볼 수도 있겠다. 두 남녀가 각각의 점으로 존재하다가 결혼이 두 점을 이어 주면서 선분이 되었고 선분 바깥에 아이라는 새로운 점이 탄생하면서 삼각형이 되었다. 주인공에겐 여동생도 있으니 사각형이라고 했을 법도 한데 왜 작가는 삼각형이라고 특정했을까.

　삼각형은 매우 튼튼하고 견고하다. '삼각형'의 수학적 정의는 3개의 선분으로 둘러싸인 도형이다. 이 삼각형이란 도형은 아무리 물리적인 힘을 가해도 변형이 없다. 어느 꼭짓점을 밀거나 잡아당겨도 힘이 양쪽으로 분산되기 때문에 모양이 잘 무너지지 않는다. 반면 4개의 선분으로 둘러싸인 사각형은 외부의 힘을 받으면 형태가 쉽게 변한다. 마름모를 이어 붙인 모양의 벽걸이 행거가 대표적인데, 사각형의 꼴바꿈 덕분에 오므리고 벌리면서 너비를 조절할 수 있다. 학교의 정문과 후문에 설치된 문도 같은 원리다. 개방할 때는 사각형의 가로 폭을 좁히면서 한쪽으로 밀고, 폐쇄할 때는 사각형의 가로 폭을 넓히면서 반대쪽으로 당긴다. 선분이 1개 더 많은 사각형이 더 단단할 것 같지만 실상은 정반대다. 삼각형이 훨씬 강하다.

　그렇기에 건물, 교량, 송신탑을 건설할 때는 삼각형을 이용해 만드는 경우가 많다. 이렇게 삼각형의 집합체를 이용한 건축을 트러스 구조라고 한다. 임시 시설물로 예정돼 있던 에펠탑이 200년 넘도록 끄떡없는 비결 역시 삼각형이다. 엄마, 아빠, 나 세 꼭짓점으로 이뤄진 삼각형도 부서

지지 않았다. 이혼하지 않았다. 삼각형은 안정적이니까. 소설가가 삼각형을 선택한 이유를 가늠해 본다.

한편 김소연 시인의 '수학자의 아침'이란 시는 이렇게 시작한다.

나 잠깐만 죽을게
삼각형처럼*

삼각형을 시에서 만날 줄이야. 그런데 무슨 말인지 도통 모르겠다. 읽고 또 읽어도 어쩜 이렇게 아무것도 모를 수 있지. 어려운 말은 하나도 없는데 어렵다. 수학자는 하필이면 왜 삼각형처럼 죽겠다 했을까.

일단 시집을 덮고 삼각형에 대해 생각한다. 삼각형을 떠올리며 시인의 마음을 감히 짐작해 본다. 인간은 삼각형처럼 안정적일 수 없다. 동요가 없을 수 없다. 살아 있는 한 자극에 초연하기란 불가능하다. 오직 죽음으로만 닿을 수 있는 상태. 그래서 수학자는 잠시 삼각형처럼 세상을 감각하겠노라 선언한다. 아무런 흔들림 없이 어떠한 파동 없이. 수학자의 아침은 그렇게 잠깐의 죽음으로 시작된다.

문학에는 맞고 틀리고가 없다. 그래서 어렵지만 수학 덕분에 가까스로 한발 디밀어 본다.

* 김소연, 《수학자의 아침》(2013), 문학과지성사, 14쪽

#21

특권

    이것은 시험지인가, 편지인가.

    아이가 사인해 달라며 건넨 수학 단원평가 시험지에 조그만 글자들이 빼곡하다. 마지막 20번은 서술형 문제라서 정답을 쓰는 칸 외에 풀이 과정을 적는 공간도 두 줄이 주어졌는데, 아이는 그걸로는 부족했는지 여백에 빽빽하게 여덟 줄을 썼다. 할 말이 차고 넘친다. 읽어 보니 내용도 구구절절하다. 이런 적이 처음이라 이유가 궁금해졌다.

    "이 문제는 풀이를 왜 이렇게 길게 쓴 거야?"

    "선생님이 지난 단원까지는 식만 써도 맞힌 걸로 해 주셨는데 이번 단원부터는 식만 쓰면 틀린 걸로 하신대서 최대한 자세하게 썼어."

    그래서 평소 엄마에게 설명하듯 선생님에게 설명하는

편지를 썼구나. 말을 그대로 글로 옮겨 적은 거였다. 구어체가 문어체로 살짝 정돈되었을 뿐.

요즘은 문장제 또는 서술형이라고 불리는 수학 문제를 연습하기 위한 전용 문제집이 6~7세 과정부터 나온다. 풀리는 집도 많고 풀릴지 말지 고민하는 집도 많다. 이런 유형의 문제를 어려워하는 아이들이 많다며 어릴 때부터 미리 준비해야 한다는 은근한 압박이 만연하다.

그런데 아직 사고가 영글지 않고 소근육이 덜 발달한 저학년 아이가 문제의 풀이 과정을 손으로, 그것도 일정한 형식에 맞춰 매끄럽게 쓸 수 있는가. 쓰는 아이는 힘들고 시키는 엄마는 더 힘들다. 이러한 사정을 감안해서 나는 아이에게 쓰지 말고 엄마에게 말로 설명해 달라고 했다. 논리 전개를 글이 아닌 말로 대체한 것이다. 우리 집 서술형 문제에는 서술이 없다. 문제집의 공란은 아이의 목소리로 풍성하게 채워졌다. 쓰는 것을 강요하지 않아서인지 아이는 문제 위에 '서술형'이란 딱지가 붙어 있어도 그다지 부담을 느끼지 않는 것 같다. 말로 때우면 된다는 배짱일지도 모르겠다.

그렇게 풀이 과정을 말로 설명하는 오랜 습관이 이번에 긴 편지글로 발현된 것이다. 상하좌우로 빡빡한 글씨에서 아이의 정성이 전해진다. 설명이 지나치게 친절한 감도 없잖아 있지만 불친절보다야 아무렴 친절이 낫지 싶다. 담임 선생님 말씀대로 식만 써서 계산하지 않고, 자칫 소홀할 수 있는 기본 개념을 빠짐없이 언급했으니 됐다. 시험지의 빈틈을 작은 글씨로 가득 채우고 있을 교실 속 아이 모습을 상상하니 귀여워서 자꾸 웃음이 난다. 그 노력이 가상하여 사인한 시험지를 돌려주며 그 위에 한마디를 살포시 얹었다.

"풀이를 보니까 이해가 쏙쏙 되네."

이제는 슬슬 수학적으로 예쁘게 다듬어야 할 것 같다. 만연체에서 간결체로 한 단계 도약해야 하지 않을까. 그러한 표현의 기술은 아이 스스로 터득할 수도 있고 전문가의 도움을 받을 수도 있다. 허나 그와 별개로 난 계속 듣고만 싶다. 아이의 넘치는 설명을 듣는 건 언제나 즐거우니까. 이러한 호사가 유한함을 알기에 지금 이 시절이 더없이 귀하다. 엄마의 특권을 오래오래 누리고 싶은 내 마음은 욕심일까, 판타지일까.

#22

속마음

TV 프로그램 〈나 혼자 산다〉에서 MC 전현무가 엄마의 잔소리를 푸념했다.

"우리 엄마는 내 나이가 몇인데 아직도 횡단보도 건널 때 좌우를 보래. 먹는 거 조심하라 그러고."

그러자 코드 쿤스트가 부드럽고 나긋한 목소리로 말했다.

"그걸 다 '사랑해'로 바꿔 들으면 돼."

백희나 작가의 그림책 《알사탕》이 떠올랐다. 퇴근하고 집에 돌아온 아빠는 하나부터 열까지 사사건건 자잘한 잔소리를 쉴 새 없이 퍼붓는다. 매일 반복되는 지겨운 잔소리 폭격. 아빠가 자기 전에는 아무것도 먹지 말라고 했건만, 동동이는 아빠에게 복수하기 위해 알사탕을 냉큼 입에 넣는다. 그런데 사탕이 사르르 녹으면서 아빠의 속마음이 들려 온다.

    사랑해 사랑해 사랑해 사랑해 사랑해 사랑해
    사랑해 사랑해 사랑해 사랑해 사랑해 사랑해
    사랑해 사랑해 사랑해 사랑해 사랑해 사랑해
    사랑해 사랑해 사랑해 사랑해 사랑해 사랑해
    사랑해 사랑해 사랑해 사랑해 사랑해 사랑해
    사랑해 사랑해 사랑해 사랑해 사랑해 사랑해
    사랑해 사랑해 사랑해 사랑해 사랑해 사랑해*

내게 마법의 알사탕은 없지만, 어려운 수학 문제 앞에서 씩씩거릴 때마다, '그럴 거면 하지 마!!!'가 목구멍까지 차오를 때마다, 이제는 이렇게 바꿔 들으려 한다.

    잘 하고 싶은데 잘 하고 싶은데
    잘 하고 싶은데 잘 하고 싶은데
    잘 하고 싶은데 잘 하고 싶은데
    잘 하고 싶은데 잘 하고 싶은데
    잘 하고 싶은데 잘 하고 싶은데

---

*   백희나, 《알사탕》(2024), 스토리보울

잘 하고 싶은데 잘 하고 싶은데
잘 하고 싶은데 잘 하고 싶은데
잘 하고 싶은데 잘 하고 싶은데
잘 하고 싶은데 잘 하고 싶은데
잘 하고 싶은데 잘 하고 싶은데

덧붙이는 글.
키보드를 치고 있는 내 어깨 너머로 우연히 이 글을 본 아이가 말했다.
"엄마, 어떻게 알았어?"

#23

엄마도
몰라

"엄마, 도저히 안 되겠어. 나 별표 칠래."

아이가 의자에서 벌떡 일어나며 소리쳤다. 한참 동안 그 한 문제를 붙들고 끙끙댔다는 걸 알기에 오늘은 여기까지 하고 내일 다시 생각해 보자며 넘어갔다. 아이는 탈출하듯 자리를 떠났다. 그래, 때로는 문제와 거리두기를 해야 새 마음 새 뜻으로 새 방법을 찾기도 하니까 내일 다시 시도하자.

도대체 얼마나 어려운 문제길래 갈피를 못 잡나 싶어, 슬쩍 문제를 봤다. 어라? 나도 모르겠다. 겸손하게 자세를 고쳐 앉으며 다시 들여다봤다. 여전히 모르겠다. 수학을 공부한다고 해서 나라고 매번 문제를 척척 풀 수 있는 건 아니다. 고학년이 될수록 심화 단계일수록 까다로운 문제는 자주 출몰한다. 어찌 부모가 전지전능할 수 있나, 수학 선생님도 아닌데. 이러한 상황에서 무엇을 선택할 수 있을까.

아이 몰래 정답지 풀이를 확인한다

vs

모르겠다고 솔직히 고백한다

내 선택은 언제나 후자다. "이 문제 어렵다. 별이 뜰 만했네. 엄마도 모르겠어." 이실직고한 후 본격적으로 문제에 달려든다. 해설지를 '미리보기'하는 건 제대로 맞붙기도 전에 무릎부터 꿇는 기분이라서 영 별로다. 그렇게 풀어 봤자 재미도 없고 감동도 없다.

도형 문제는 그림 파악이 관건이므로 일단 그림부터 크게 출력했다. 이것도 아니고 저것도 아니고 실마리가 잡힐 듯 말 듯 감이 올 듯 말 듯, 아 모르겠다. 도형을 뚫어져라 보고 있는데 문제에서 달아났던 아이가 어느새 내 옆에 와 있었다.

"엄마, 내가 여기까지는 알아냈거든? 근데 그다음에는 어떻게 해야 할지 모르겠어."

"어? 이쪽도 그렇게 하면 될 거 같은데?"

둘이 한 팀이 되어 결국 문제를 해결했다. 서로의 생각

퍼즐을 이리저리 꿰맞추다 보면 딱 들어맞는 순간이 온다. 수학에서도 협력이 가능하다. 아이와 난 승리라도 한 양 하이파이브를 했다.

"엄마, 근데 이 문제는 내가 거의 다 푼 거 같지 않아?"
"맞아. 중요한 아이디어는 다 너한테서 나왔잖아. 엄마는 그 생각을 못 했었어. 이 문제의 지분 99%는 네 거야."

모르는 문제를 두고 아이 앞에서 자존심은 세우지 않는다. 나서서 아는 척하지도 않는다. 대신 지금은 모르지만 포기하지 않을 거란 티는 팍팍 낸다. 아이가 은연중에 이런 태도를 닮기를 바라는 마음에서.

내가 뒤늦게 수학이 재밌다고 느낀 건, 아이 앞에서 항상 잘해야 한다는 부담을 내려놓아서인지도 모르겠다. 만약 척척박사 노릇을 하려 했다면 진즉에 때려치웠거나 일찌감치 나가떨어졌을 수 있다. 모를 때는 모른다고 인정하고 함께 고민하는 자체가 재밌다. 내가 수학을 공부하는 이유는 아이를 가르치기 위해서가 아니다. 대화하기 위해서다. 알면 아는 대로 모르면 모르는 대로.

#24

어린이 있는 곳에 문제집 있다

 방학이라 그런지 어린이 도서관은 평소보다 인구 밀도가 높았다. 책에 빠져든 아이들의 모습은 언제 봐도 예쁘다. 핸드폰 대신 책이 손에 들려 있다는 자체로 기특하다. 자극적인 디지털의 시공간에서 벗어나 있다는 것만으로도 칭찬하고 싶다.
 배시시 엄마 미소를 어쩌지 못하고 있는데 낯선 풍경이 눈에 들어왔다. 초등 1학년 혹은 2학년쯤 되어 보이는 아이 2명이 창가 자리에 앉아 나란히 수학 문제집을 풀고 있었다. 도서관에서 수학 문제집이라니. 고딩, 중딩도 아닌 초딩이? 그것도 고학년이 아닌 저학년이? 여긴 책 읽는 자유를 느껴야 하는 곳 아닌가. 왜 아이들이 도서관에서조차 수학 문제집을 풀어야 하지? 아이의 의지인지 부모의 권유

인지도 궁금하다.

    백 번 양보하며 생각해 봤다. 어수선한 집보다 도서관의 차분한 분위기가 더 집중이 잘 되어서일 수 있지. 쾌적하고 조용하고 안전한 도서관이 수학 공부에 최적화된 환경일 수도 있고. 필요한 책을 찾고 바로 나왔기에 그 후의 상황은 보지 못했다.

    지나가는 동네 아줌마는 바라 본다. 아이들이 수학 문제집만 풀다가 자리를 떠나지 않았기를. 재밌는 책 골라 읽는 휴식도 함께 누리고 갔기를. 수학 문제집 한 장 푸는 게 책 한 장 읽는 것보다 훨씬 가치 있다고는 생각지 말기를.

#25

이달의 책

모임 초기에는 회원님들이 아이 수학교육에 궁금한 점이 많았다.

"문제집은 뭐가 좋아요?"
"연산은 어떻게 해요?"
"학원은 언제 보낼까요?"
"사고력 수학은 꼭 해야 돼요?"
"심화는 언제부터 해요?"

학년이 올라갈수록 아이 친구의 엄마들과는 이런 말을 터놓고 하기가 힘들다. 이해 관계가 얽혀 있으면 서로에게 민감한 질문이 되기도 하니까. 스멀스멀 비교 본능까지 가

세하면 내면의 평화는 쉽게 깨진다.

그에 반해 수학모임은 서로 간에 교집합이 없기에 투명한 편안함이 있다. 이러한 이유로 그동안 밖으로 꺼내지 못했던 질문들이 수학모임에서 봇물 터지듯 쏟아졌다. 그런데 누가 정답을 내놓을 수 있단 말인가. 케이스 바이 케이스, 애 바이 애인데. 우리집에서 통한 방법이 다른 집에서도 통한다고 확신할 수 없으니 서로 조언이 조심스러울 수밖에. 그래서 책을 추천하게 됐다.

"이 책 한번 읽어 보세요."

그렇게 자녀교육서를 한 권씩 추천하다가 함께 읽기로 했다. 수학 진도와 별개로 매달 이달의 책을 한 권씩 선정해서 읽고 감상을 나눴다.

아이보다 엄마가 먼저 변해야겠다는 생각에서 시작한 책 읽기는 독서토론이 아닌 실천을 목표로 삼았다. 같은 책을 읽어도 받아들이는 바가 다르므로 무엇을 선택해서 실행할지는 아이마다 엄마마다 집집마다 달랐다.

S님은 책 읽기를 좋아하지 않는다고 솔직히 고백했다. 아이가 책 읽을 때 엄마도 옆에서 책 읽으면 좋다는 말을 어디선가 듣고 읽어 보려고 했지만 도저히 내용이 머리에 안 들어와서 책 사이에 핸드폰을 숨기고 몰래 보고 있는데 아이가,

"엄마 책에서는 왜 빛이 나?"

라고 해서 뜨끔했다고.

S님은 이참에 책과 친해져 보겠다고 했다. 그리고 그 후 가장 열성적으로 읽었다. 궁금했던 내용이 다 책에 있었노라고, 진작 알았으면 좋겠다면서. 책에서 발췌한 문장을 인쇄해서 나눠 주기도 했다. 어디 딱 붙여 놓고 틈틈이 보면서 마음을 다스리자고.

아이를 이해하기 위해 읽은 책들은 아이뿐 아니라 엄마인 나 자신을 이해하는 데도 도움이 됐다. 자녀교육서로 시작한 우리의 책 읽기는 분야를 점점 넓혀 갔다. 심리학책으로 자기계발서로 뇌과학책으로 사회학책으로 다양한 장르를 넘나들다 보니 아이에 대한 불안과 걱정은 오히려 줄고, 현실에서 한참 밀려나 있던 '나'에 대한 관심이 커져 갔다. 엄마라는 정체성은 변함없지만 나 자신도 잘 돌보고 싶어졌다.

그래서 요즘은 나를 찾고 나를 돌보는 그런 책들을 이달의 책으로 선정한다. 함께 읽으며 함께 성장하기 위해. 각자 더 좋은 사람이 되고 싶어서.

#26

엄마의 부심

인터넷에 떠도는 글 '엄마의 부심 변천사'다.

부심(負心)

어떤 것에 대하여 그 가치나 능력을 믿고 당당히 여기는 마음.

미취학 때는 영유 부심

초1 때는 성대 경시 부심

초3 때는 황소 부심

초5 때는 영재원 부심

중등 때는 전교권 부심

대한민국에서는 아이의 학업 성취가 엄마의 자존감과 직결된다. 일찌감치 영어를 시작하고 수학으로 굳히기에 들어가는데 아이의 점수는 곧 엄마의 점수다.

그렇다면 고등 엄마의 부심은 뭘까? 그간의 부심은 모두 부질없어지고 오직 기도만 남는다고 한다. 무엇으로도 고등 성적을 보장할 수 없고 결국 해내는 건 아이의 몫이니까.

현실을 반영한 인터넷 유머글을 보며 혼자 중얼거려 본다. 아이를 통한 대리만족 부심이 아닌, 나 스스로 만든 자부심을 가슴에 품고 사는 개별적 존재이고 싶다고.

자부심(自負心)

자기 자신 또는 자기와 관련되어 있는 것에 대하여

스스로 그 가치나 능력을 믿고 당당히 여기는 마음.

#27

잘한다,
자란다

"엄마!"

거실 책상에서 한동안 조용하던 아이가 대뜸 엄마를 찾는다. 주방에서 저녁 준비를 하던 난, 상습적인 엄마 부름에 "아 또 왜?"가 나올 뻔했으나 일단 숨 한 번 고르고 몸과 시선을 아이에게 돌린다.

아이에게서 이 타이밍에 나올 법한 말은 "어려워.", "모르겠어.", "하기 싫어." 셋 중 하나일 테지. 그런다고 해서 엄마가 쪼르르 달려가지 않는다는 걸 너도 알잖니. 결국 네 스스로 생각해야 한다는 것도 잘 알면서 엄마는 왜 부르는 거야. 아이가 투덜대더라도 절대 화내지 말자고 다짐하며 짐짓 다정하게 대꾸한다.

"응?"

나와 눈이 마주치자 아이가 말한다.

"난 수포자는 안 될 거 같아."

무심하게 툭 던지고는 이내 시선을 거둔다.

지금 내가 잘못 들은 건 아니겠지? 이것은 수포자가 되고 싶지 않다는 바람인가, 수포자가 되지 않을 거라는 예고인가, 수포자가 되지 않겠다는 선언인가.

이번엔 내가 아이를 불렀다.

"수현아. 왜 그런 생각을 하게 됐어?"

"○○는 자기가 수포자래. 수학을 혐오한대. 수학 시간만 되면 '아 수학하기 싫다.' 그러는 애들도 많고. 그런데 생각해 보니까 난 수학이 그렇게까지 싫지는 않아서."

이제 고작 초등학교 5학년인 아이들이다. 많은 아이들이 학원에서 중등 과정을 선행한다지만 아직 본격적으로 수학을 공부했다고 할 수는 없는데 벌써부터 '수포자'라는 단어에 순응하다니 아이들이 너무 이르게 지쳐 가는 건 아닐까. 수학 성취와 별개로 수학 정서가 걱정된다.

"그럼 넌 수학을 좋아해?"

"놉."

아이의 짧고 단호한 대답. 수학을 좋아하면 얼마나 좋을까마는 그건 어디까지나 내 욕심. 머리로는 알면서도 마음이 쓰린 건 어쩔 수 없다. 혹시 내 표정에 미세한 변화가 있었던 걸까. 아이는 내 얼굴을 빤히 보며 계속 말을 이어 갔다.

"수학을 좋아하는 건 아닌데 가끔 재밌을 때가 있어."

"예를 들어?"

"《최상위 수학》할 때? 안 풀리면 되게 짜증나는데 어느 순간 딱 풀릴 때가 있거든? 그때가 재밌어."

"4학년 수학이랑 5학년 수학이랑 비교하면 어때?"

"5학년 수학이 더 재밌어."

"그건 수학을 잘 하는 건데…."

"그게 왜 수학을 잘 하는 거야?"

"학년이 올라갈수록 수학은 어려워지는데 수학이 더 재밌어졌다는 건 네가 잘하고 있다는 거지."

"그런가?"

"근데 수포자가 되지 않으려면 절대 모르는 게 있는 상태로 대충 넘어가면 안 돼."

"모르는데 어떻게 그냥 넘어가. 지금도 그러진 않아."

"거봐. 잘 하고 있잖아. 계속 그렇게만 하면 넌 절대 수포자가 안 될 거야. 엄마는 네가 수학을 점점 더 잘 하게 될 거라고 생각해."

"진짜?"

"응. 진짜."

수학이 어렵고 힘들고 싫어질지도 모를 미래의 어느

날, 지금의 그 마음을 떠올렸으면 해. 그때 보여 주려고 엄마가 오늘 네가 한 말들을 활자로 박제해 놨어. 과거의 네가 미래의 널 응원할 수 있도록. 널 믿는다는 엄마의 마음도 문장으로 새겨 둘게. 나중에 딴 소리 못하게. 빼도 박도 못하게.

#28

꿈도 야무져라

화요일 모임이 없는 날에도 수큐브는 수학으로 연결되어 있다. 모임 운영자인 내가 단체채팅방에 수학 문제를 올리면 회원님들은 각자의 위치에서 반응한다.

함께 공부한 개념을 제대로 이해했는지 확인하거나, 생각의 틀을 깨는 신선한 문제를 소개하거나, 중등 선행 개념으로 풀이한 정답지와 다르게 초등 개념만으로 풀어보자고 제안하는 등의 여러 이유로 미션처럼 수학 문제를 제시하면 핸드폰 액정 너머로 회원님들의 도전이 시작된다. 페널티가 있는 것도 아닌데 모두가 자발적이다. 이 자연스러운 지적 욕구는 과연 누구를 위한 것일까. 문제를 마주한 순간, 그 문제는 아이와 분리되어 오롯이 엄마인 나를 위해 존재한다.

수학 문제와 독대하는 즐거움을 한 템포 먼저 느낀 나는 설레는 마음으로 답변을 기다린다. 그러면 잠시 후, '답이 ○○○ 맞아요?', '전 이렇게 풀어 봤어요'라며 풀이 인증샷이 이어지고 채팅창에는 엄지척이 만발한다. 다음 사진은 그간의 아름다운 흔적들이다.

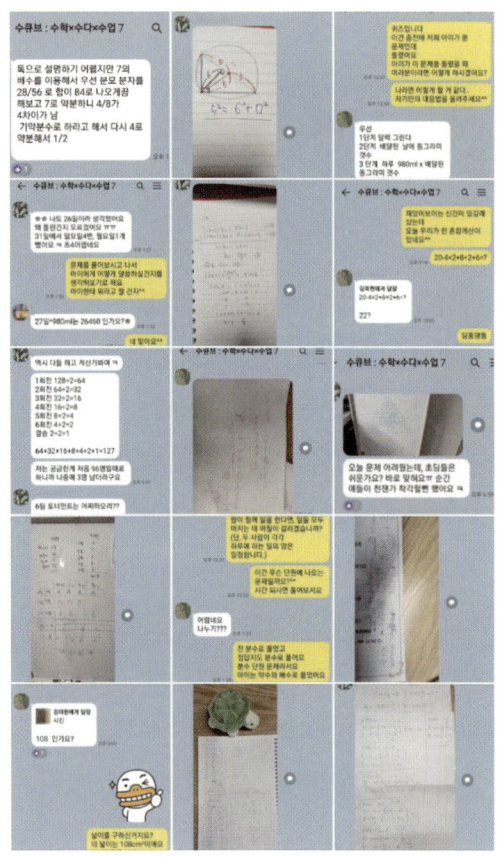

어느 날 아이의 문제집에서 재밌는 문제를 발견하고는 밤 10시쯤 이를 공유했는데 '육퇴'한 회원님들의 풀이가 시간 간격을 두고 올라왔다. 다음 날 아침에서야 메시지를 확인한 D님은 이런 말을 남겼다. "어젯밤 또 하나 풀어 냈군요. 미현 님이 문제를 던지면 다들 열심히 하는 게 신기해요."

사실 문제를 투척하는 나도 회원님들의 적극적인 반응이 매번 신기하다. 학창 시절 와르르 무너졌던 수학 자존감이 서서히 회복되고 있다는 증거가 아닐까. 개념 공부만으로도 진땀을 빼던 우리는 어느새 달라져 있었다.

그리고 어김없이 돌아온 새로운 화요일, 모두가 대면한 자리에서 급기야 이런 대화가 오갔다.

"우리 이러다 수능 보는 거 아니에요?"

"다른 영역은 몰라도 수학은 꼭 도전해 봐요."

"이렇게만 계속하면 우리 진짜 할 수 있을 거 같아요."

네? 수능이라고요? 난 귀를 의심했다. 수능 끝나고 수학에서 탈출했다며 쾌재를 부르던 전직 수포자들 사이에서 이게 과연 성립할 수 있는 대화란 말인가. 회원님들의 용기에 깜짝 놀라 두 눈을 끔뻑거리고 있는데 H님이 웃으며 조건 하나를 달았다.

"Someday."

어쩌면 우리에게 점수 따위는 중요하지 않을지 모른

다. 애초에 수큐브에는 '평가'라는 단어 자체가 존재하지 않으니까. 과거의 수학과 맞짱 뜨려는 게 아니라, 새로이 알게 된 수학에게 맞장구치려는 이 마음은 도발이 아닌 도전이다.

    꿈이 야무지면 어떤가. 우리는 지금껏 그래 왔듯 이번 주도 수학 공부를 무사히 해냈고, 다음 주도 그러할 것이며, 다다다다다다음 주 역시 그러할 것인데. 성실하게 시간을 계속 쌓다 보면 농담은 진담이 되고 Someday는 Today가 되는 그 날이 진짜 우리 앞에 도래할 수도 있지 않을까.

#29

나를 만든 수학,
내가 만든 수학

아이들이 방학을 하면 수큐브도 방학에 돌입한다. 그렇다고 엄마의 수학 공부가 휴지기는 아니다. 오히려 개별 활동기에 가깝다. 지난 학기를 복습하고 다음 학기를 예습해야 하는 방학에는 아이 수학에 좀 더 각별히 신경 쓴다. 수학을 공부한 엄마의 내공은 이때 빛을 발하는데, 개념을 적용하고 응용하는 게 학기중이라면 방학은 개념을 탄탄하게 장착하고 면밀히 확인하는 시기라서 그렇다.

두 달여의 긴긴 겨울방학이 끝나고 맞이한 3월의 첫 번째 화요일, 우린 H서점에서 오랜만에 만났다. 방학 동안의 노고를 서로 칭찬하고 개학을 축하하는 중에 회원님들이 반가운 소식을 전했다. 방송통신대학교에 편입한 분, 자격증 취득 후 초등학교에서 근무하게 된 분, 어린이집과 유치원에 수업을 나가게 된 분, 육아 때문에 한동안 쉬던 본업을 재개한 분도 있었다. 회원님들 모두 엄마라는 자리에만 머무르지 않고 새로운 길을 향해 뚜벅뚜벅 나아가는 중이다. 그러한 와중에도 화요일 수학은 여전히 놓지 않는다.

"처음엔 아이를 위해서였는데 요즘은 수포자였던 저를 위해서 모임에 나와요. 내가 점점 괜찮은 사람이 되어 가는 느낌이에요."

M님의 말처럼 아이를 위해서 시작한 수학 공부는 뜻밖에도 엄마의 에고를 충족시켰다. 스스로 나아지고 있다는 소중한 감각을 우린 수학에서 배운 것이다. 그리고 자기만의 방식으로 저마다의 영역에서 조금씩 성장하고 있다.

나 역시 마찬가지다. 수학이 아니었다면 나에겐 이 책을 쓸 기회조차 오지 않았을 거다. 혼자 수학을 공부하다가 수학모임을 만들고 수학 글을 연재하다 보니 이렇게 책까지 내게 됐다. 이 글을 쓰는 지금도 실감 나지 않는다. 이게 다 수학을 공부한 덕분이리라.

수학은 글쓰기 소재가 되어 줬을 뿐 아니라 삶의 태도까지 바꿔 줬다. "난 원래 잘하지 못하니까."라는 자기합리화 아니 자기변명에 휩싸여 쉽게 포기하던 나에게 수학은 "거봐, 너도 하니까 할 수 있잖아."라며 부드럽게 토닥였다. 나 스스로 만든 한계의 테두리가 한껏 넓어진 느낌이랄까.

게으른 나의 뇌를 부지런하게 만들어 준 것도 수학이

다. 흐릿한 생각이 선명해지는 경험을 수학에서 했다. 침잠하던 자존감이 수학 덕분에 1cm쯤 높아진 듯하다. 이제야 나 자신을 믿어 볼 용기가 생겼다. 그래서 하는 말인데….

우리 같이 수학 공부할래요?

"말도 안 돼.

수학이 어떻게 재밌을 수 있어?"

그 말도 안 되는 일이

수포자였던 제게 일어난 건

몇 가지 질문들 덕분이었어요.

질문을 품고 답을 찾는 사이

이상하게도 수학이 무섭지 않았습니다.

오히려 애정이 생겨났지요.

"아~ 이런 거였어?"

혼자서 호들갑 떨며 즐거워하다가

제가 알게 된 것들을 어떤 형태로든 알리고 싶었어요.

그 대상이 특별히 엄마여야만 했던 이유는

엄마들의 수학 공포증을 누구보다 잘 알기 때문입니다.

비호감이었던 수학을 호감으로 바꿔 준,

제게 참 고마웠던 질문들을

당신에게도 소개하려고 해요.

혹시 읽다가 막히는 부분을 만나면

제발 자책하지 말고

저를 향해 "뭐라고? 못 알아듣겠어!"라고

당당히 따졌으면 좋겠습니다.

뒤이어 친절한 설명이 계속 이어질 테니

느긋한 마음으로 그저 읽어 주세요.

천천히 답을 따라가다 보면

이해한 자신이 기특해지는 순간이 옵니다.

덩달아 수학 자존감도 높아져 있을 거예요.

그 에너지는 슬그머니

아이에게도 전염되더라고요.

말도 안 되는 일이

곧 당신에게도 일어날 텐데

마음의 준비가 됐다면

우리 이제 시작해 볼까요?

Part 2

탈수포자 엄마의 취미 수학

10%+10% 할인은
몇 % 할인일까?

제목이 곧 문제입니다. 정답은 몇 %(퍼센트)일까요?
정답은 20%!

아쉽게도 아닙니다.

혹시 배신감을 느꼈나요? 10% 할인에다가 거기에 10% 중복 쿠폰까지 적용하면, 10%+10%이니까 당연히 20% 아니야? 생각할 수 있는데요.

이렇게 덧셈으로 계산하면 낭패를 볼 수 있습니다. 업체에서도 소비자의 그런 단순한 셈법을 노린 거예요. 일종의 착시 현상입니다.

인터넷에서 쇼핑하다 보면 5~15% 중복 할인 쿠폰을 한정 기간 동안 다운받을 수 있어요. 요즘은 가격 비교가 편리하다 보니, 업체마다 할인과 프로모션을 경쟁적으로 진행합니다. 쿠폰 하나 없이 제값 주고 물건을 사면 왠지 손해 보는 느낌이죠.

그런데 쿠폰까지 적용했지만, 우리가 지불하는 최종 금액은 예상과는 다릅니다. 왜 이런 차이가 발생하는 걸까요?

변화와 관계

특가!

10% 할인+10% 쿠폰 지급

이게 무슨 뜻?

10% 할인+10% 중복 할인 쿠폰은 어떻게 계산되는지 살펴봅시다.

먼저 정가에서 10% 할인한 만큼 가격이 떨어지고, 그 떨어진 가격에서 10%를 추가로 할인받게 되는 겁니다.

이해가 쉽도록 구체적인 금액으로 계산해 볼게요. 처음 가격이 100만 원이라고 하면 10% 할인으로 90만 원이 됩니다. 이 90만 원에서 추가로 10%를 할인하면 9만 원을 할인받아 물건값은 81만 원이 되죠. 본래 가격 100만 원에서 계산하면 19만 원을 할인받은 셈이군요. 그러니 총 19%

할인된 것입니다.

> 특가!
>
> 10% 할인+10% 쿠폰 지급
>
> **정답: 20%가 아닌 19%만 할인해 주겠다**

소비자 입장에서 볼 때 100만 원짜리를 20%로 할인받는 것과 10%+10% 할인받는 것은 고작 만 원 차이지만, 판매자 입장에서 총 판매량을 따져 보면 차익이 큽니다. 천 개를 팔면 1천만 원이고, 만 개를 팔았다면 무려 1억 원이 되거든요. 결코 적지 않습니다.

또 한시적으로 중복 할인 쿠폰을 발행하면, 소비자로 하여금 구매욕을 당기게 해요. 지금이 아니면 다시 못 만날 가격 같거든요. 운 좋게 쿠폰을 다운받았는데 이걸 안 쓰면 나만 손해라는 생각을 하게 만듭니다. 최대 할인을 받았다는 심리적 만족감도 줄 수 있고요.

아무리 할인을 가열차게 해도 사실 안 사는 게 돈 버는 건데, 우린 숫자와 %라는 기호가 눈앞에 있으면 이 사실을 자주 망각하곤 합니다.

이번엔 30%+20% 할인 광고를 봤다고 해 봅시다. 우리는 50%의 할인 혜택을 보게 되는 걸까요? 반값에 살 수 있는 절호의 기회일까요? 이미 아니라는 걸 알겠지요. 구체적으로 찬찬히 따져 보겠습니다.

이번에도 계산이 간편하도록 100만 원을 기준으로 해 볼게요. 먼저 30%를 할인받으면 가격은 70만 원이 됩니다. 추가 20%는 이 70만 원에서 계산하는 겁니다. 70만 원의 20%는 14만 원이니까 70만 원에서 14만 원을 빼면 56만 원. 100만 원이 최종 56만 원이 되었으니 할인율은 44%입니다.

30+20=50이니까 50% 대박 세일인 줄 착각하면 정작 계산할 때 적잖이 당황할 수 있어요. 카드를 내밀기 전, 반드시 한 번 더 생각해야 합니다.

꼭 필요한 물건이 아니라면, 놓쳤다고 후회할 세일은 없어요. 놓치면 오히려 돈을 번 셈이 될 테니까요. 업체가 영리한 계산법을 이용해 우리를 쿠폰으로 유혹할 때, 내가 낼 돈은 내가 먼저 똑똑하게 계산해 봅시다.

수학을 알면 우리가 조금은 현명한 소비자가 될 수 있지 않을까요? 어른에게도 수학은 필요합니다.

구구단에 숨겨진
수의 비밀

여러분은 '구구단'을 외우셨나요? 아니면 '곱셈구구'를 외우셨나요? 전 국민학교 산수 시간에 구구단을 열심히 외웠더랬죠. 요즘 어린이들은 초등학교 수학 시간에 곱셈구구를 배웁니다. 곱셈구구는 구구단의 요즘식 표현이에요. 이름만 들어도 '곱셈을 외우는 기본표'라는 걸 바로 알 수 있게끔 구구단을 곱셈구구로 바꿨다고 합니다.

전 어릴 때 구구단이 뭔지도 모르면서 외워야 한다니까 무작정 외웠어요. 못 외우면 혼나니까요. 곱셈의 개념을 모르고 외우는 구구단은 그저 아무 의미 없는 수의 나열에 불과합니다. 자그마한 뇌로 그 수많은 수들을 통째로 암기하려니 여간 곤혹이 아니었지요.

그토록 재미없던 구구단인데 그 안에 숨겨진 규칙을

알고 나니 달리 보여요. 구구단에는 흥미로운 수의 성질이 담겨 있거든요.

우선 '곱셈'에 대해 짚고 넘어갑시다. 곱하기의 의미가 뭘까요. 먼저 이 문제를 풀어 보세요.

수와 연산

5를 세 번 곱하면?

5를 세 번 곱하면 얼마일까요? 혹시 자신 있게 15를 외쳤는지요. 5를 세 번 곱했다는 것은 5×5×5입니다. 간단히 5^3으로 나타낼 수 있어요. 계산하면 125이지요.

그렇다면 5×3은 무엇을 의미할까요? 5를 세 번 더했다는 뜻입니다. 5+5+5를 간단히 나타낸 게 5×3이에요. 계산하면 15이지요. '5를 세 번 곱했다'와 '5를 세 번 더했다'는 얼핏 비슷하게 들리지만, 완전히 다른 의미입니다.

만약 5를 100번 더한다면요?

5+5+5+5+5+5+5+5+5+5+5+5+5+5+5+5+5+5+5+5+
5+5+5+5+5+5+5+5+5+5+5+5+5+5+5+5+5+5+5+5+
5+5+5+5+5+5+5+5+5+5+5+5+5+5+5+5+5+5+5+5+
5+5+5+5+5+5+5+5+5+5+5+5+5+5+5+5+5+5+5+5+
5+5+5+5+5+5+5+5

곱셈 기호가 없었다면 우린 이렇게 같은 수를 여러 번 더하는 일은 아예 할 엄두를 못 냈을지도 몰라요. 곱셈 기호만 있으면 이렇게 일일이 다 쓰지 않아도 하나의 식으로 정리됩니다. 5×100 끝.

그렇다면 구구단은 왜 외워야 하는 걸까요? 만일 7×8이 있다고 해 볼게요. 7+7+7+7+7+7+7+7, 매번 이렇게 일일이 더한다면 어때요. 더하다가 진 다 빠질 거예요. 하지만 구구단을 외우고 있는 우리는 1초 만에 답이 튀어나옵니다. 7×8=56. 작은 수의 곱은 외워 두면 상당히 편리해요. 구구단은 한 번 외워 두면 평생 써먹을 수 있는 고급기술입니다.

옛날에는 이 기술을 아무나 익힐 수 없었어요. 구구단은 중국에서 전해졌는데 일반 백성들한테는 구구단을 절대 알려 주지 않았다고 합니다. 권력을 쥔 자들만 계산의 편리함을 누리려는 속셈이었지요. 아는 것이 힘이던 시절이니까요. 혹시 백성들이 따라 외울까 봐 9단의 가장 끝에 있는 9×9=81부터 거꾸로 외웠다고 해요. 그래서 자연스럽게 '구구단'이라는 이름이 붙었습니다. 지금은 구구단 앞에서 만인이 평등합니다.

구구단 표와 해후해 봅시다. 이게 얼마 만인가요. 추억의 구구단 표를 다른 관점에서 보려고 해요.

곱의 '일의 자리'에만 따로 표시를 해 뒀어요. 유심히 들여다보면서 비밀을 찾아보세요.

2단	3단	4단	5단
2 × 1 = 2	3 × 1 = 3	4 × 1 = 4	5 × 1 = 5
2 × 2 = 4	3 × 2 = 6	4 × 2 = 8	5 × 2 = 10
2 × 3 = 6	3 × 3 = 9	4 × 3 = 12	5 × 3 = 15
2 × 4 = 8	3 × 4 = 12	4 × 4 = 16	5 × 4 = 20
2 × 5 = 10	3 × 5 = 15	4 × 5 = 20	5 × 5 = 25
2 × 6 = 12	3 × 6 = 18	4 × 6 = 24	5 × 6 = 30
2 × 7 = 14	3 × 7 = 21	4 × 7 = 28	5 × 7 = 35
2 × 8 = 16	3 × 8 = 24	4 × 8 = 32	5 × 8 = 40
2 × 9 = 18	3 × 9 = 27	4 × 9 = 36	5 × 9 = 45
2 × 10 = 20	3 × 10 = 30	4 × 10 = 40	5 × 10 = 50

수와 연산

6단	7단	8단	9단
6 × 1 = 6	7 × 1 = 7	8 × 1 = 8	9 × 1 = 9
6 × 2 = 12	7 × 2 = 14	8 × 2 = 16	9 × 2 = 18
6 × 3 = 18	7 × 3 = 21	8 × 3 = 24	9 × 3 = 27
6 × 4 = 24	7 × 4 = 28	8 × 4 = 32	9 × 4 = 36
6 × 5 = 30	7 × 5 = 35	8 × 5 = 40	9 × 5 = 45
6 × 6 = 36	7 × 6 = 42	8 × 6 = 48	9 × 6 = 54
6 × 7 = 42	7 × 7 = 49	8 × 7 = 56	9 × 7 = 63
6 × 8 = 48	7 × 8 = 56	8 × 8 = 64	9 × 8 = 72
6 × 9 = 54	7 × 9 = 63	8 × 9 = 72	9 × 9 = 81
6 × 10 = 60	7 × 10 = 70	8 × 10 = 80	9 × 10 = 90

일반적인 구구단 표에는 ×9까지 있지만 우린 ×10까지 생각해 봅시다. 이들에게는 어떤 규칙이 있을까요. 혹시 발견했는지요.

2단, 4단, 6단, 8단

2단은 2씩 커지기 때문에 곱의 일의 자리 숫자가 2, 4, 6, 8, 0이 반복됩니다.

- 2단: 2, 4, 6, 8, 0, 2, 4, 6, 8, 0

4단도 마찬가지. 4씩 커지니까 4, 8, 2, 6, 0이 반복됩니다.

- 4단: 4, 8, 2, 6, 0, 4, 8, 2, 6, 0

6단과 8단에서도 이러한 규칙을 찾을 수 있습니다.

- 6단: 6, 2, 8, 4, 0, 6, 2, 8, 4, 0
- 8단: 8, 6, 4, 2, 0, 8, 6, 4, 2, 0

짝수단인 2단, 4단, 6단, 8단은 0, 2, 4, 6, 8이 순서만 달리해서 반복됩니다. 반면 1, 3, 5, 7, 9는 한 번도 나오지 않아요. 그 이유는 여러분도 알다시피 짝수의 배수는 언제나 짝수일 수밖에 없기 때문이지요. 홀수가 '갑툭튀(갑자기 툭 튀어나오는)' 하는 일은 절대 없습니다.

증명을 예쁘게 해 볼게요. 종이에 원을 그리고 열 칸으로 나눈 뒤 0~9까지 숫자를 적습니다.

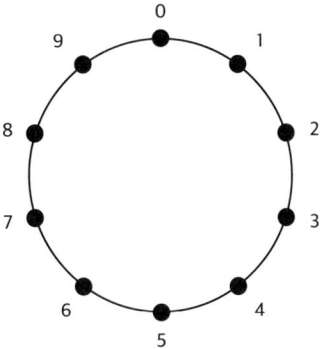

곱셈은 같은 수를 계속 더하는 거니까 더하고자 하는 수만큼 시계 방향으로 칸을 계속 이동시킵니다. 항상 처음 시작은 0이에요. 2단은 2칸씩, 4단은 4칸씩, 6단은 6칸씩, 8단은 8칸씩 가면 돼요.

그러면 예쁜 모양이 만들어집니다. 114쪽을 보세요. 2단과 8단은 오각형, 4단과 6단은 별이 됐습니다.

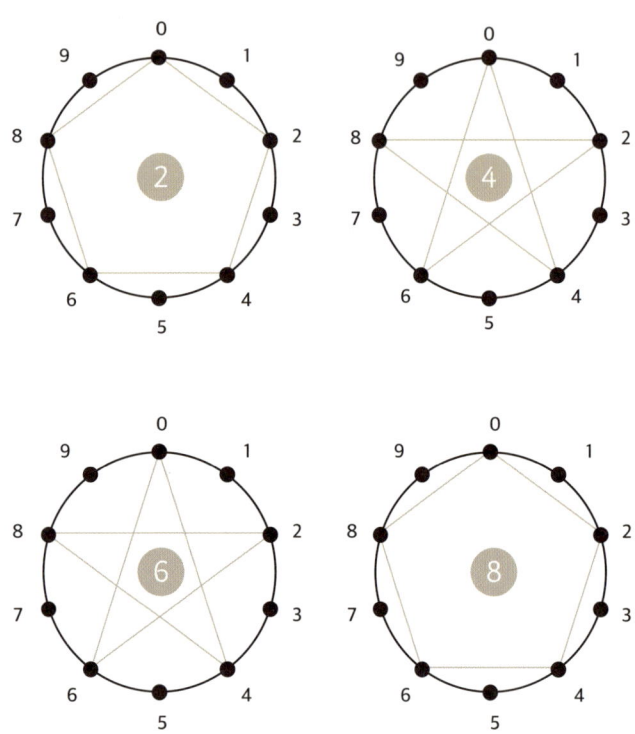

수의 순서가 다르기에 모양에는 차이가 있지만 0, 2, 4, 6, 8을 반복하는 것은 같아요. 절대 짝수 궤도를 벗어나지 않습니다.

5단

5단은 아주 쉬워요. 곱의 끝수가 5와 0만 되풀이됩니다. 5의 배수는 5씩 커지니까요. 5의 배수는 아무리 커져도 끝수는 0 아니면 5예요.

- 5단: 5, 0, 5, 0, 5, 0, 5, 0, 5, 0

이번에도 0에서부터 5칸씩 이동시켜 봅니다. 5칸씩 계속 이동해도 0과 5만 오갑니다. 다른 숫자는 만날 일이 절대 없어요. 0과 5가 주인공이고 나머지 숫자는 스치는 배경일 뿐이죠.

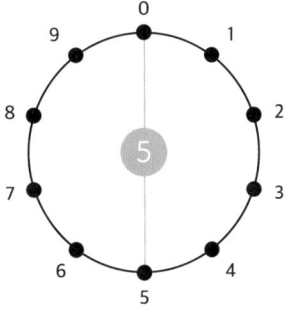

3단, 7단, 9단

우리가 주목해야 할 것은 3단, 7단, 9단입니다. 이들은 매우 특이해요. 다시 한 번 곱의 끝수만 살펴볼까요?

- 3단: 3, 6, 9, 2, 5, 8, 1, 4, 7, 0
- 7단: 7, 4, 1, 8, 5, 2, 9, 6, 3, 0
- 9단: 9, 8, 7, 6, 5, 4, 3, 2, 1, 0

 규칙을 찾았나요? 0부터 9까지의 숫자가 한 번씩 모두 등장합니다. 반복되는 숫자는 없어요. 신기합니다.
 이해가 쉽도록 시각화해 보겠습니다. 0에서부터 3단은 3칸씩, 7단은 7칸씩 이동하면 이토록 화려한 별이 그려집니다. 정말 예뻐요.

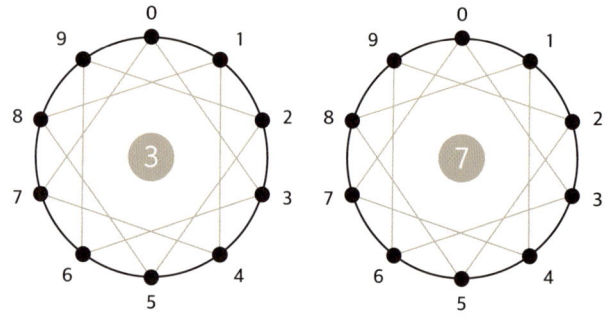

 그렇다면 9단은 어떨까요. 9단도 0~9까지 모든 숫자가 동원되는 것은 같지만 모양은 3단이나 7단과 딴판입니다. 곱의 일의 자리 숫자가 1씩 작아지기 때문이에요. 시계 방향으로 9칸씩 이동하는 것은 시계 반대 방향으로 1칸씩 이동하는 것과 같아서 그렇습니다.

0-9-8-7-6-5-4-3-2-1

덕분에 안정감이 느껴지는 정십각형이 됐습니다. 9단은 십의 자리 숫자는 1씩 커지고, 일의 자리 숫자는 1씩 작아지는 규칙이 있어요.

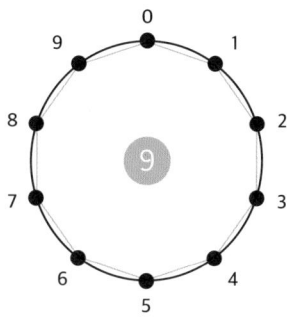

이쯤에서 이런 궁금증이 들 겁니다. ×10까지 2단, 4단, 6단, 8단은 끝수가 반복되는데 어째서 3단, 7단, 9단은 0, 1, 2, 3, 4, 5, 6, 7, 8, 9가 반복 없이 딱 한 번씩만 등장하는 걸까요? 이런 차이는 왜 생기는 걸까요? 결론부터 말하자면 3, 7, 9는 10과 서로소 관계이기 때문에 그렇습니다.

'서로소'란 용어 기억나시는지요. 서로소란 두 수의 공약수가 1뿐인 자연수입니다. '약수'란 무엇이냐, 그 수를 나누어떨어지게 하는 수입니다. 그럼 '공약수'는 무엇이냐, 두 수를 나누어떨어지게 하는 공통의 수입니다.

2와 10의 공약수는 1, 2

4와 10의 공약수는 1, 2

6과 10의 공약수는 1, 2

8과 10의 공약수는 1, 2

5와 10의 공약수는 1, 5

3과 10의 공약수는 1

7과 10의 공약수는 1

9와 10의 공약수는 1

  2, 4, 6, 8은 10과의 공약수가 1 말고도 2가 있어요. 5는 10과의 공약수가 1과 5고요. 그런데 3, 7, 9는 10과의 공약수가 오직 1뿐이에요. 그러니 3, 7, 9는 10과 서로소 관계입니다.

  서로소 관계인 두 수의 최소공배수는 두 수의 곱입니다. '배수'가 뭐냐, 어떤 수를 1배, 2배, 3배… 한 수를 그 수의 배수라고 합니다. 배수는 무한해요. 끝이 없습니다. 그럼 '공배수'는 뭐냐, 두 수의 배수 중 공통되는 수가 공배수입니다. '최소공배수'는 뭐냐, 공배수 중 가장 작은 수를 최소공배수라고 합니다.

2와 10의 최소공배수는 10(2×5)

4와 10의 최소공배수는 20(4×5)

6과 10의 최소공배수는 30(6×5)

8과 10의 최소공배수는 40(8×5)

2, 4, 6, 8은 10배(□×10)를 하기 전에 5배(□×5)만 해도 곱의 끝수가 0이 됩니다. 2×5=10, 4×5=20, 6×5=30, 8×5=40과 같이 말이죠.

곱의 끝수가 0이 되는 순간, 모든 게 제로 세팅됩니다. 그러니 6번째(□×6)부터는 끝수 반복이 일어납니다.

3, 7, 9는 뭐가 다를까요?

3과 10의 최소공배수는 30(3×10)

7과 10의 최소공배수는 70(7×10)

9와 10의 최소공배수는 90(9×10)

3, 7, 9는 10배(□×10)를 해야만 10의 배수와 만납니다.

3×10=30, 7×10=70, 9×10=90

10을 곱해야만 곱의 끝수가 0이 되기 때문에 그전까지는 숫자가 반복되지 않습니다. 10번째에 0이 되고 나서야 11번째(□×11)부터 똑같은 반복이 다시 이어집니다.

수와 연산

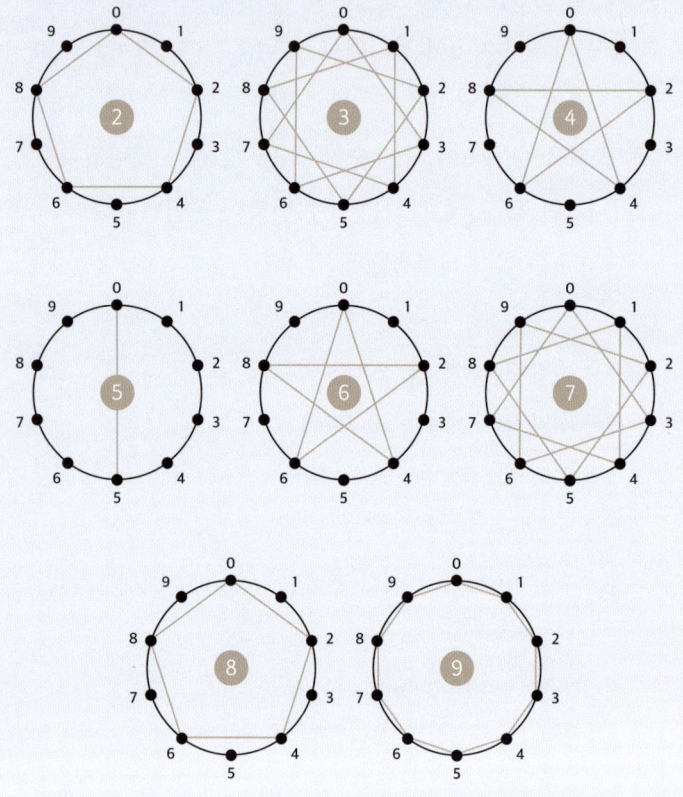

자세히 보아야 예쁘다
구구단도 그렇다

순금은 왜 100K가 아니라 24K인 걸까?

변화와 관계

 우리나라에는 아기 돌을 축하하기 위해 금반지를 선물하는 풍토가 있습니다. 24K(캐럿) 한 돈이 기본이었어요. 그런데 최근 금값이 치솟으면서 반지 하나의 가격이 70만 원에 달하다 보니 더 이상 금반지는 가볍게 건넬 수 없는 선물이 되었습니다.

 반대로 말하면 고공행진한 금값 덕분에 금의 자산 가치는 더욱 높아졌는데요. 금을 선뜻 구매하기는 힘들어도 되팔기에는 지금이 적기인 셈입니다. 만약 계속 오른다는 믿음이 있다면 오늘 금값이 제일 저렴할 테고요.

 하지만 금이라고 다 같은 금이 아니죠. 금값을 결정하는 건 '돈'과 '캐럿'입니다. 둘 다 금에 사용되는 단위이긴 한데 대체 무엇을 일컫는 단위일까요?

'돈'은 금을 세는 우리나라 고유의 단위

'돈'은 금을 세는 우리나라 단위입니다. 금 한 돈을 g으로 환산하면 3.75g이에요. 반 돈은 그것의 절반인 1.88g이고 열 돈은 열 배인 37.5g의 금을 말합니다.

실시간으로 조회되는 금 시세는 금 1g 가격이 기준이라서, 여기에 3.75를 곱하면 오늘자 현재 시각의 금 한 돈 값을 알 수 있어요. (다음의 사진은 2025년 6월 23일 기준 금값이에요. 참고로 이건 팔 때의 가격이고 살 때는 더 비쌉니다. 금값의 상승세가 무섭습니다.)

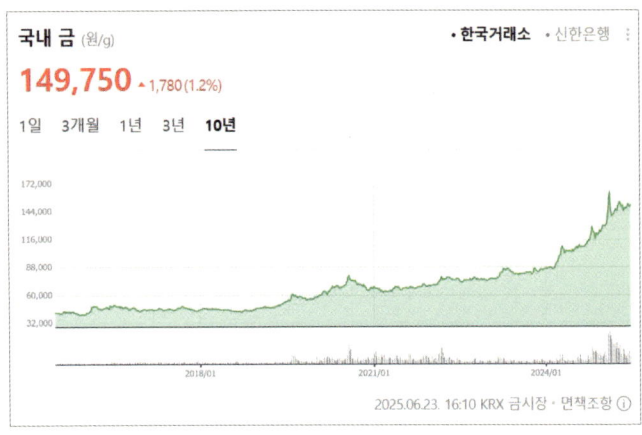

미국에서는 금을 셀 때 '온스'라는 단위를 사용합니다. 금 1온스는 8.3돈 가량인데 31g이 조금 넘는 무게입니다.

그렇다면 '캐럿'은 금의 무엇을 나타내는 단위일까요? 사실 우리에게는 캐럿보다는 케이라는 발음이 더 익숙하죠. 24K(이십사 케이), 18K(십팔 케이), 14K(십사 케이)가 입에 착착 붙어요. K 앞에 붙은 숫자는 뭘까요? 자세히는 몰라도 K 앞에 붙은 숫자가 클수록 금값이 비싸다는 것만은 확실히 압니다.

'캐럿'은 금의 함량을 의미합니다. 금이 얼마큼 들어 있느냐를 나타냅니다. 금 중에서 가장 비싼 24K는 순금이에요. 이쯤에서 궁금해집니다. 순금을 100K라고 하면 편할 것을 24K라고 한 이유가 뭘까요?

캐럿이라는 말은 중동의 '캐럽'이라는 식물에서 유래했습니다. 캐럽의 열매는 콩처럼 생겼는데요.

보기엔 평범해 보이지만 특이점이 하나 있어요. 모양은 제각각일지라도 캐럽 열매 1개의 무게는 항상 0.2g으로 동일하다는 건데요. 저울이 없던 그 시절, 캐럽으로 무게를

계량했습니다. 이러한 이유로 중동에서는 무역 활동 시 캐럽이 아주 중요한 역할을 했어요.

캐럽 열매를 어른이 한 손으로 쥐면 최대 24개가 잡히는데 이 때문에 순도 100%인 순금을 24K로 했다는 설이 현재로서는 가장 유력합니다.

다른 금속이 섞이지 않은 24K 순금은 경제적 가치가 가장 높은데 순금 특유의 성질이 있습니다. 단단하지 않고 무르다는 건데요. 이러한 이유로 순금은 주로 골드바로 소장하고 장신구로는 만들지 않아요.

그렇다면 과거 왕이 썼던 금관은 어떨까요? 아래 사진은 보물 서봉총 금관이에요. 교과서나 박물관에서 이런 신라시대의 황금 유물을 보았을 겁니다.

눈부시게 화려한 이 왕관은 순금일까요?

성분을 분석해 본 결과, 그 어떤 부위도 99% 이상의 순금은 아니었다고 합니다. 은이 함유된 상태였어요. 순금으로 제작하면 부드러운 금의 성질로 인해 금관 모양이 휘어지게 되니 인위적으로 은을 합금하여 강도를 높인 것으로 추정됩니다. 5세기 신라인들도 금의 성질을 잘 이해하고 있었어요.

현재도 마찬가지입니다. 순금의 연성을 보완하기 위해 반지나 목걸이, 팔찌로 세공할 때는 은이나 구리 등을 섞어서 18K, 14K로 만듭니다.

그런데 24가 순금을 의미한다면 18은 뭐고 14는 뭘까요? 이 애매한 숫자들의 정체가 뭘까요?

아래 사진을 보세요. 나무토막 24개가 있습니다. 이 나무토막을 금이라고 생각하고 살펴볼까요?

나무토막 24개 전부 금입니다. 은이나 구리 등이 하나도 없습니다. 이것이 24K예요.

24K는 전체를 24등분했을 때 24가 모두 금이라는 뜻입니다. 전체가 다 금이란 말입니다.

하지만 24K 금의 순도는 100%가 아닌 99.99%입니다. 이상하지요? 금을 가공할 때 어쩔 수 없이 0.01%의 불순물이 섞이게 된다고 해요. 측정이 가능한 한도로는 100% 금이지만 측정할 수 없는 한도에서 불순물이 포함되기에 99.99%라고 표기합니다. 현대 과학 기술로는 순도 100% 순금을 만드는 것은 불가능합니다.

그렇다면 18K는 뭘까요? 전체를 24등분했을 때 18만 순수한 금이라는 뜻입니다. 빨강, 파랑, 검정 등의 나머지 6은 다른 금속이에요. 은, 구리, 아연 같은 것들이지요.

18K 금의 순도를 계산해 볼까요?

18÷24=0.75로 75%입니다. 18K는 금이 75%이고 나머지 25%는 은이나 구리 등 다른 금속으로 이루어져 있다는 의미가 됩니다.

14K는 어떨까요. 합금 전체를 24등분했을 때 14만 순수한 금이고 나머지 10은 다른 금속이라는 의미지요.

변화와 관계

14K 금의 순도를 계산해 봅시다.

14÷24=0.583으로 58.$\dot{3}$%입니다. 즉 14K는 전체에서 금이 58.$\dot{3}$%인 합금입니다. 여기서 $\dot{3}$이란 3333…입니다. 계산기로 계산해 보면 3이 무한히 반복됩니다. 하지만 3이 무한히 반복되는 무한소수는 계산이 딱 떨어지지 않지요. 따라서 금값을 측정할 때는 14K의 순도를 통상 58.5%로 계산한다고 합니다.

금의 순도

24K는 99.99%

18K는 75%

14K는 58.5%

금의 순도를 퍼센트로 변환하니 갑자기 재미없는 수가 되어 버렸어요. 금의 신비로움까지 함께 사라져 버린 느낌입니다. 순금을 99.99%라고 부르는 대신, 24K라고 부르는 게 되려 깔끔하군요. 99.99%보다는 24K, 75%보다는 18K, 58.5%보다는 14K라는 표현이 금에는 훨씬 잘 어울립니다.

색종이로 절반 넓이
정사각형을 만드는 방법

도형과 측정

색종이 한 장을 준비합니다. 종이접기에 자신 있다면 훨씬 유리한 문제입니다. 연필 끝이 아닌 손끝으로 해결해야 하거든요. 아이와 함께 풀어도 좋습니다.

모두가 알다시피 색종이는 정사각형입니다. '정사각형'이란 네 변의 길이가 같고, 네 각이 직각인 사각형을 말합니다.

이 색종이의 정확히 절반 넓이의 정사각형을 만들 수 있을까요? 단, 눈금자는 사용하지 않고요.

일단 반으로 접어 보겠습니다.

이렇게 하면 넓이는 반이 되지만 정사각형이 아니죠. 정사각형을 만들어야 하는데 말이에요.

한 번 더 접어서 정사각형을 만들어 봅니다.

도형과 측정

정사각형은 맞지만 넓이가 반($\frac{1}{2}$)이 아니라, 반의 반($\frac{1}{4}$)이 됐어요. 우리가 원한 건 이게 아니잖아요. 우리는 절반 넓이의 정사각형을 만들어야 합니다.

혹시 이쯤에서 '자'가 필요하다는 생각이 드나요? 이 문제는 측정 도구를 사용하지 않는 게 원칙이지만 궁금하다면 알려 드립니다.

색종이 한 변의 길이는 15cm입니다. 그렇다면 색종이의 넓이는 15×15=225, 225cm²가 되고, 225cm²의 절반은 112.5cm²인데요. 한 변의 길이가 몇 cm여야 정사각형 넓이가 112.5cm²가 될까요? 수치를 알고 나니 되려 더 복잡하고 어려워졌습니다.

이런 거 몰라도 절반 넓이의 정사각형을 만들 수 있어요. 대신 '관점'을 바꿔야 합니다.

> 관점을 바꾸면
>
> 누구나 풀 수 있는 문제

색종이를 절반으로 나누는 방법이 하나 더 있죠. 어릴 때 종이접기 좀 해 봤다 하는 분들은 감이 잡힐 겁니다. 가로나 세로가 아닌 대각선으로 접어도 절반이 되지요. 대각선이 정사각형을 딱 절반으로 나눠 주니까요.

앞서 반으로 접어서 만든 직사각형과 방금 반으로 접어서 만든 이 삼각형의 넓이는 같습니다. 만들어야 할 절반 정사각형도 이 둘과 넓이가 같아야 합니다.

 대각선으로 접은 색종이를 한 번 더 접은 후, 색종이를 펼쳐서 접힌 선을 자세히 보세요.

 정사각형이 정확히 삼각형 4개로 분할되었지요. 색종이 넓이는 이 삼각형 4개를 합친 넓이와 같습니다. 그렇다면 색종이의 절반 넓이는 삼각형 몇 개와 같을까요? 네, 삼

각형 2개가 색종이 넓이의 절반입니다.

이 삼각형 2개를 가장 긴 변끼리 맞닿게 합치면?

색종이 넓이의 절반인 정사각형이 만들어졌습니다.
이게 정말 정사각형인지 증명해 봅시다.

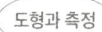
도형과 측정

위의 왼쪽 사진을 보세요. 정사각형의 대각선은 서로를 이등분하니까 4개의 선분은 길이가 모두 같습니다. 한편 오른쪽 사진을 보세요. 대각선은 각도 똑같이 이등분하니까 삼각형 밑변의 양 끝 각들은 90의 절반인 45°입니다.

색종이의 접힌 선대로 자른 후, 삼각형 2개를 합치면 어떻게 될까요?

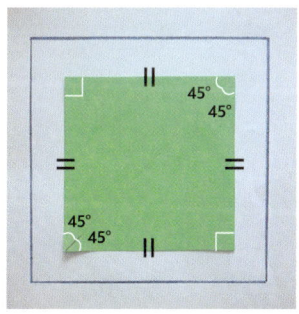

네 변의 길이가 모두 같습니다. 삼각형 둘의 각을 합치면 $45°+45°=90°$가 되고요. 네 변의 길이가 같고 네 각 모두 직각이니 정사각형이 확실합니다.

절반 넓이의 정사각형을 만드는 방법은 또 있습니다. 이번에도 대각선을 잘 이용하면 됩니다. 이런 문제는 종이접기로 접근하면 의외로 쉽게 풀릴 수 있어요. 색종이를 만지다 보면 손가락 센서가 작동됩니다. 어쩌면 손이 뇌보다 빠를지도 몰라요. 눈으로 쓱 보지 말고 손으로 쓱 접어보기를 권합니다.

먼저 색종이를 네모로 한 번 접고 또 한 번 접습니다.

색종이를 펼칩니다. 네 꼭짓점이 중심에서 만나도록 접습니다. 다음과 같이 말이죠.

이런 접기 방법을 전문용어로 '방석 접기'라고 하는데요. 방석 접기를 하고 보니, 어느새 정사각형이 됐습니다.

도형과 측정

정사각형은 분명한데 넓이는 절반이 확실할까요? 접었던 색종이를 다시 펼쳐서 확인해 봅시다.

가장 처음에 작은 정사각형 4개로 4등분했습니다. 그리고 중심을 향해 꼭짓점을 접어 '대각선'을 만들었죠. 이 대각선이 작은 정사각형을 반으로 나눕니다. 따라서 색종이는 삼각형 8개로 8등분됐어요. 그렇다면 전체 색종이를 반으로 만들려면 삼각형 4개만 있으면 되겠네요.

이렇게 삼각형 4개로 정사각형을 만들 수 있습니다. 신기하게도 방석 접기를 한 번 할 때마다 넓이는 계속 절반씩 줄어들어요. 방석 접기를 여러 번 하고 나서 색종이를 펼치면 정사각형 안에 정사각형이 계속 반복됩니다. 정사각형 안에 정사각형을 끝없이 그릴 수 있는데, 그 넓이가 계속 절반이 된다는 사실이 놀랍습니다.

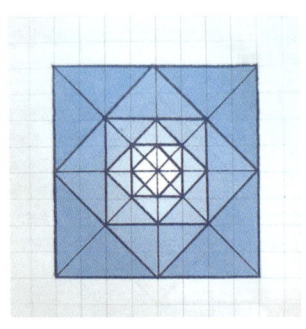

플라톤의 저서 《메논》에 이와 관련한 기하학 에피소드가 나옵니다. 소크라테스가 수학을 배운 적 없는 노예 소

년과 대화를 하는 장면인데요.

 소크라테스가 땅에 정사각형을 하나 그리고 소년에게 이 정사각형 넓이의 2배 되는 정사각형을 만들 수 있냐고 묻습니다. 소년은 변의 길이를 2배 늘리면 된다고 대답해요.

 그런데 보세요. 변의 길이를 2배 늘렸더니, 넓이는 2배가 아닌 4배로 늘어났어요.

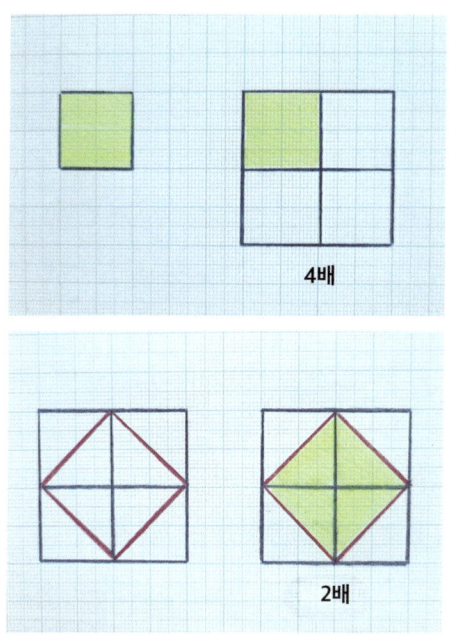

 소크라테스의 질문은 계속 이어지고 소년은 결국 대각선을 이용하는 방법을 발견하게 됩니다.

소크라테스는 책 속 등장인물 메논에게 이렇게 말했습니다. 자신은 소년에게 아무것도 가르치지 않았다고. 그저 소년이 스스로 답을 찾도록 도왔을 뿐이라고요. 소크라테스의 적절한 발문이 소년의 생각을 끌어냈습니다.

돌이켜 보면 제가 학창 시절 수포자였던 이유는 생각하는 힘이 부족해서였던 것 같아요. 수학을 할 때는 "왜?"라는 의문을 품고, "그래서?" 하고 방향을 잡고, "그러니까!"라는 논리로 끌고 나가야 하는데 제겐 그런 생각의 과정보다는 오로지 채점 결과만 중요했어요. 정작 맞혀도 어쩌다 맞힌 건지 모르고, 틀려도 왜 틀렸는지 몰랐으면서 말이에요. 그땐 스스로 생각하는 힘도 약했고 스스로 답을 찾으려는 의지도 없었고 스스로 해내는 방법도 알지 못했거든요.

이 글을 읽으며 문제에 대한 답을 스스로 찾아냈나요? 느긋해도 좋고 느슨해도 괜찮아요. 어른이 된 지금은 수학 점수의 압박에서 해방되었으니까요. 생각하는 그 시간이 즐거웠다면 그걸로 충분합니다. 그리스의 철학자들도 기하학을 지적 유희로 삼았다잖아요. 즐겼으면 된 겁니다.

A4용지와 A6용지 중 뭐가 더 클까?

변화와 관계

가정이나 회사에서 자주 사용하는 인쇄용지는 A4입니다. 복사지를 A4라고 알고 있는 경우가 있는데 A4는 종이 재질이 아닌 '종이 크기'를 나타냅니다.

A0, A1, A2, A3, A4, A5, A6, A7, A8 사이즈마다 이름이 다양한데요. 숫자가 클수록 용지의 면적은 클까요, 작을까요? 숫자가 의미하는 것은 뭘까요?

인쇄용지는 A0을 기준으로 합니다. A0용지는 가로 841mm, 세로 1189mm로 면적이 약 $1m^2$인 큰 사이즈의 종이인데, A0용지를 자른 횟수에 따라 숫자를 붙입니다. 예를 들어 A1은 A0를 절반으로 한 번 잘랐음을 의미해요. A2는 A0를 두 번, A4는 네 번 잘랐다는 뜻입니다.

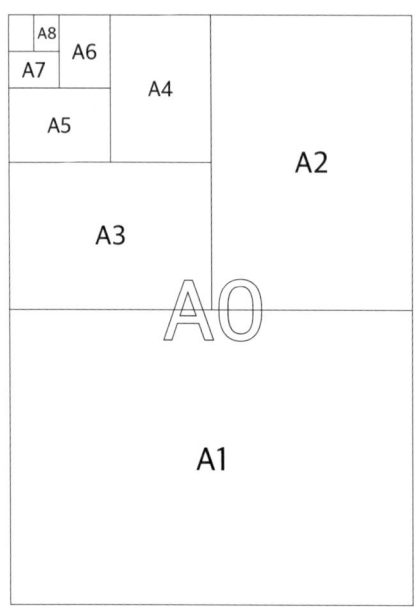

그림으로 보면 한 눈에 이해가 됩니다. A 뒤에 붙는 숫자가 A0를 자른 횟수니까 숫자가 클수록 종이는 작아집니다.

A0 〉 A1 〉 A2 〉 A3 〉 A4 〉 A5 〉 A6 〉 A7 〉 A8

A4는 A6보다 분명 큽니다. 그래서 제목에 대한 정답은 A4입니다.

이제 A4가 A6보다 크다는 건 확실히 알았으니 얼마큼 더 큰지도 알아볼까요? 그림에서 A4를 주목합시다. A4용지를 반으로 자르면 A5가 되고, A5를 또 반으로 자르면 A6가 됩니다. 그래서 A4는 A6보다 4배 더 크죠.

처음 시작인 A0에서 계속 절반으로 줄어들기 때문에 이들의 관계를 분수로 나타낼 수 있습니다. 분수가 뭐죠? 분수는 '전체에 대한 부분을 나타내는 수'입니다. A0를 전체로 보고 그 크기를 1이라고 하면, 각 용지를 분수로 표현할 수 있습니다.

변화와 관계

A1는 A0의 $\frac{1}{2}$
A2는 A0의 $\frac{1}{4}$
A3는 A0의 $\frac{1}{8}$
A4는 A0의 $\frac{1}{16}$
A5는 A0의 $\frac{1}{32}$
A6는 A0의 $\frac{1}{64}$
A7는 A0의 $\frac{1}{128}$
A8는 A0의 $\frac{1}{256}$

그런데 이상한 점이 있어요. 바로 가장 큰 용지인 A0의 사이즈입니다. 가로가 841mm, 세로는 1189mm인데요. 가로와 세로를 1000mm로 딱 떨어지게 정했다면 재단하기가 훨씬 편했을 것 같은데 아무리 봐도 숫자가 애매합니다.

생각해 봅시다. 만약 A시리즈의 시작인 A0를 가로 세

로 길이가 같은 정사각형 종이로 했다면 어땠을까요?

절반으로 자를 때마다 종이 모양이 달라집니다. 일정하지가 않지요. 원하는 모양이 있다면 종이를 다시 잘라내야 합니다. 일의 절차도 번거로워질 뿐만 아니라 자투리가 생겨서 아까운 종이가 계속 낭비됩니다.

그런데 현재 우리가 사용하는 용지는 신기하게도 계속해서 반으로 잘라도 같은 모양을 유지합니다. A0, A1, A2, A3, A4, A5, A6, A7, A8은 크기는 모두 다르지만 가로와 세로의 비는 다 똑같아요. 믿기지 않는다면? 직접 실험해 보면 되죠.

A4 용지 두 장과 가위만 있으면 됩니다. 먼저 A4를 반으로 잘라서 A5를 만들어요. A5를 다시 반으로 자르면 A6, A6를 반으로 자르면 A7, A7을 반으로 자르면 A8이 됩니다.

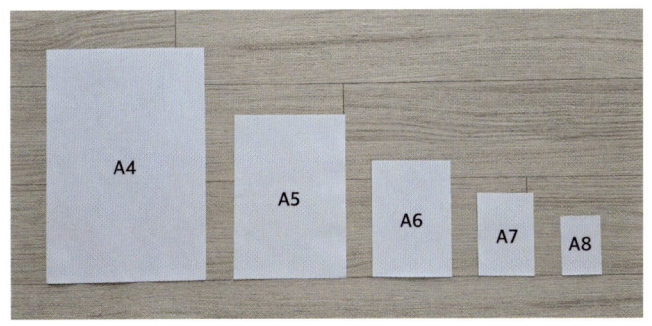

　　A4 위에 A5, A6, A7, A8을 차례대로 모서리를 맞춰 올려 보겠습니다.

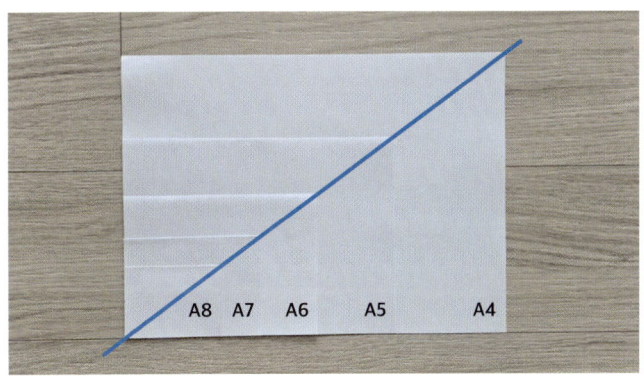

　　대각선이 기가 막히게 일치합니다. 대각선이 일치한다는 건 도형의 '닮음'을 의미하는데요. 수학에서 '닮음'은 우리가 일상적으로 사용하는 '닮음'과는 다릅니다. 비슷하게 생기면 닮았다고 하는 국어와 다르게 수학의 닮음은 두 도형이 모양은 같고 크기만 다른 관계를 의미해요. 쉽게 말해, 한 도형을 확대하거나 축소했을 때 원래 도형과 정확히 겹치는 경우를 닮음이라고 합니다.

그렇다면 인쇄용지들이 왜 닮음이어야 할까요? 여행가서 우리 가족의 인생샷을 건졌다고 해 봅시다. 이 사진을 벽걸이 액자에 넣기 위해 큼지막하게 A1에 출력할 수도 있고, 장식용 작은 액자에 맞게끔 앙증맞은 A6로 출력할 수도 있죠. 이렇게 원본을 확대 혹은 축소했을 때 종이에 여백이 생기거나 사진이 잘리는 일이 없으려면 인쇄용지의 모든 사이즈는 반드시 닮음이어야 합니다.

그런데 종이를 분명 반으로 잘랐는데 어떻게 가로와 세로의 비가 똑같을 수 있죠? 수학으로 마법이라도 부린 걸까요? 계속해서 반으로 잘라도 같은 모양을 유지하려면 가장 큰 종이인 A0의 가로와 세로 길이를 얼마로 해야 할까요? 그리고 가로와 세로의 비는 대체 얼마여야 하는 걸까요?

가장 큰 종이의 가로 길이를 1, 세로 길이를 x라고 두겠습니다. 이 종이의 가로와 세로의 비는 $1 : x$ 입니다.

이 종이를 절반으로 자른 다음, 옆으로 세우면 가로 길이는 $\frac{x}{2}$고, 세로 길이는 1이 됩니다. 자르기 전과 자르고 난 후, 두 종이의 가로와 세로의 비가 같아야 하니까 이런 비

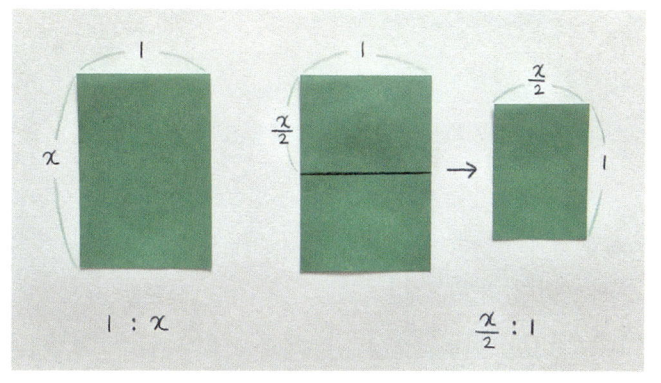

례식을 세울 수 있습니다.

$1 : x = \dfrac{x}{2} : 1$

비례식은 내항의 곱과 외항의 곱이 같으므로

$x \times \dfrac{x}{2} = 1 \times 1$

좌변의 분모를 없애 주기 위해 양변에 2를 곱하면

$x \times x = 2$

$x^2 = 2$

어떤 수를 제곱해서 2가 되는 수를 2의 제곱근이라고

해요. 제곱근은 우리가 중고등학교 때 익히 들었던 바로 그 루트($\sqrt{}$)에요. 제곱해서 2가 되는 수는 $+\sqrt{2}$와 $-\sqrt{2}$인데 종이 길이는 양수일 수밖에 없으니 x는 $\sqrt{2}$입니다.

$\sqrt{2}$를 소수로 나타내면 1.41421356…으로 끝없이 이어지고 게다가 불규칙해요. 그렇기에 $\sqrt{2}$를 무한소수라 부릅니다. 계산할 때는 근삿값인 1.414를 사용하고요.

이에 따르면 A시리즈의 시작이 되는 A0의 가로와 세로 비가 1 : $\sqrt{2}$고 나머지 용지들도 모두 1 : $\sqrt{2}$를 그대로 유지한다는 건데, 우리가 가장 손쉽게 구할 수 있는 A4용지로 확인해 보겠습니다. 가로 길이가 210mm, 세로 길이가 297mm이죠. 가로 길이를 1이라고 할 때 세로 길이가 얼마인지를 계산해 봅시다.

210 : 297 = 1 : □
210 × □ = 297
□ = 297 ÷ 210 = 1.414

□가 1.414이니 가로와 세로의 비는 1 : 1.414 즉 1 : $\sqrt{2}$라는 걸 알 수 있습니다.

이렇게 가로와 세로의 비를 1 : $\sqrt{2}$로 하면 종이를 반으로 계속 잘라도 같은 비가 유지된다는 이 획기적인 아이디어는 1922년 독일에서 'DIN 476'이라는 이름으로 표준화

되었습니다. 1975년에는 국제 표준 ISO 216으로 채택되어 현재 북미와 중남미 일부를 제외한 전 세계에서 사용되고 있어요.

B4, B5와 같은 B시리즈도 이 마법의 비 $1 : \sqrt{2}$로 만들어집니다. A시리즈의 시작이 A0인 것처럼 B시리즈는 B0에서부터 계속 반으로 잘라서 만들어요. 단 크기에 차이가 있습니다. A0는 넓이가 약 $1m^2$가 되도록 841mm×1189mm로 정했는데, B0는 이보다 더 큰 $1.5m^2$이 되도록 1000mm×1414mm로 정해졌어요.

이렇게 A0와 B0의 사이즈만 딱 정해 놓으면 반으로 계속 잘라도 가로와 세로의 비가 똑같아서 허투루 버려지는 종이가 0.0000000001g도 없게 됩니다. 만드는 입장에서 이보다 경제적일 수 없죠. 사용하는 입장에서도 확대와 축소가 편리합니다.

전 이제 순백의 A4용지를 보면 $1 : \sqrt{2}$가 가장 먼저 떠오를 거 같아요. 침대가 과학이라면 종이는 수학입니다.

원의 공식마다 등장하는
π(파이)는 대체 뭘까?

함께 살고 있는 수포자 어른에게 물어봤습니다.

Q. π(파이)가 뭔지 알아?

A. 원주율.

Q. 원주율이 뭔데?

A. 3.14.

Q. 3.14가 뭔데?

A. π지.

Q. π가 뭔데?

A. 원주율이야.

Q. 원주율이 뭔데?

A. 3.14잖아.

Q. ….

우리 두 사람은 이렇게 돌고 도는 도돌이표 대답과 질문을 한참 동안 이어 갔어요. π가 원주율이라는 것도 알고 그 값이 3.14라는 것도 아는데 정작 π가 뭔지는 모르는 상태. 이 글을 보는 여러분도 비슷한지요.

학창 시절 달달 외웠던 원의 공식들을 소환해 볼게요. 원의 둘레는 $2\pi r$, 원의 넓이는 πr^2이었죠. r이 원의 반지름이라는 건 알겠는데 갑자기 툭 튀어나온 π는 뭐지요? 원의 공식마다 등장하는 이 녀석은 대체 뭘까요? 하고 많은 도형 중 유독 원에만 이 기호가 적용되는 특별한 이유가 있을까요?

사실 π는 갑툭튀 수학 기호가 아니에요. π를 향한 인류의 관심은 그 역사가 매우 깊습니다. 고대 문명 사회에서도 π의 정확한 값을 구하고자 애썼다는 기록이 남아 있는 걸 보면, π는 위대한 기호임이 틀림없습니다. 대체 π가 뭐길래 인류가 그토록 노력해 온 걸까요? 얼마나 대단하길래 3월 14일을 π데이로 지정해서 전 세계가 기념할까요?

π를 우리말로 '원주율'이라고 하는데요. 먼저 '원주'의 뜻부터 알아보죠.

원주의 한자를 보면 둥글 원(圓), 둘레 주(周)예요. 즉 '원둘레'라는 의미입니다.

원주율을 볼까요?

둥글 원(圓), 둘레 주(周), 비율 률(率).

'원의 지름에 대한 원둘레의 비율'을 뜻합니다. 이렇게만 들어서는 쉽게 와닿질 않습니다. 하나씩 이야기를 풀어 볼게요.

고대 문명에서도 원은 중요했어요. 수메르인은 바퀴를 발명했고 바빌로니아인은 원 모양의 달력을 사용했습니다. 이집트에서는 나일강이 범람해서 무너진 땅의 경계를 다시 세우기 위해 원의 넓이를 구해야 했지요.

그 당시 누군가 원을 그리며 이런 의문을 마음속에 품은 거예요. '원이 크면 원둘레도 길고, 원이 작으면 원둘레도 짧네. 그러면 지름에 대한 원둘레의 비도 일정하지 않을까?'

원의 크기와 상관없이

원둘레를 지름으로 나누면

비슷한 값이 나온다

여러 시행착오 끝에, 원이 크든 작든 상관없이 원둘레를 지름으로 나누면 비슷한 값이 나온다는 것을 발견했습니다. 이 신기한 수에 이름을 붙였는데 그게 바로 '원주율'입니다.

원주율=원주÷지름

도형과 측정

고대 사람들도 원주율을 알고 있었어요. 이집트에서는 $3+\frac{1}{7}$(3.143……)로 사용했고 인도인들은 더 복잡한 분수인 $\frac{339}{108}$(3.139……)로 나타냈다고 합니다. 다른 고대 문명에도 원주율에 대한 기록이 남아 있어요. 이를 소수로 환산하면 3을 조금 넘는 수입니다. '모든 원의 둘레는 지름의 약 3배다'라는 사실을 그 당시에도 알고 있었다는 겁니다. 하지만 원의 둘레를 직접 측량했기에 기록된 원주율의 값도 제각각이었죠.

우리도 몇천 년 전의 방법으로 직접 실험해 볼 수 있어요. 원기둥 모양의 캔 음료를 준비하세요. 밑면 원의 지름이 5.2cm라는 걸 확인하고 접착테이프로 둘레를 감쌌습니다.

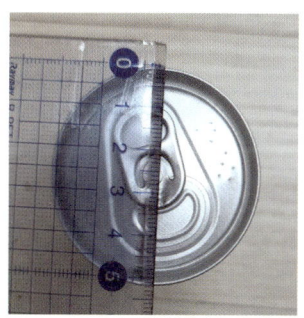

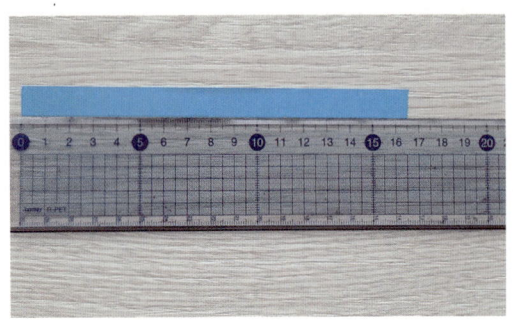

테이프를 떼어 내 길이를 재 보니 16.5cm네요. 자 그럼 원주를 지름으로 나눠 보겠습니다. 계산기로 16.5÷5.2를 계산하면, 제가 구한 원주율은 3.173076923입니다. 3.14에 제법 근접하지요?

그런데 여러 물건으로 재시도하자, 원주율이 조금씩 다른 값으로 나온다는 문제가 생겼어요. 내 손에는 미세한 떨림이 있고, 힘의 강약도 일정치 못하며, 내 눈썰미는 믿음직스럽지 않을뿐더러, 공산품이 완벽한 원이라는 보장도 없으니 이거 원. 오차를 일으킬 변수는 너무나 다양했어요.

수학자들은 이렇게 원둘레를 직접 계산할 수 없다는 것을 진작에 알았습니다. 곧은 선과 달리 굽은 선은 산술적으로 길이를 알기 힘들거든요. 그럼 어떻게 해야 할까요? 수학자들은 측량이 아닌 '짐작'을 했습니다. 한번 수학자처럼 생각해 볼까요?

지름이 1인 원이 있습니다. 원주율 계산이 쉽도록 원의 지름을 1로 정했어요. 지름이 1이면 원의 둘레가 곧 원주율이니까요. 자, 이제 이 원을 둘러싼 정사각형을 그려 보겠습니다.

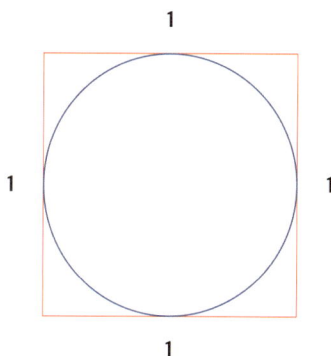

원의 지름이 1이니까, 정사각형 한 변의 길이도 1입니다. 정사각형의 둘레는 4가 확실하죠? 그렇다면 원의 둘레는 4보다는 분명 작을 거예요. 이 말인즉슨 원주율이 4보다 작다는 뜻입니다.

원주율 < 4

이번에는 지름이 1인 원 안에 정육각형을 그려 볼게요. 어떻게 그리냐면, 원의 반지름의 길이만큼 컴퍼스를 벌려 줍니다. 컴퍼스는 길이를 복사하는 용도로 사용할 거예요. 원의 둘레 아무 곳에나 점 하나를 찍습니다. 이 점이 정육각형의 첫 번째 꼭짓점이에요. 중심축 바늘을 이 점에 대고 원의 둘레와 컴퍼스가 교차하는 곳을 표시합니다. 이 점이 정육각형의 두 번째 꼭짓점이고요. 같은 방법으로 계속 원의 둘레에 표시하면 정확히 점 6개가 찍힙니다. 이 점 6개를 연결하면 원 안에 정육각형이 생깁니다.

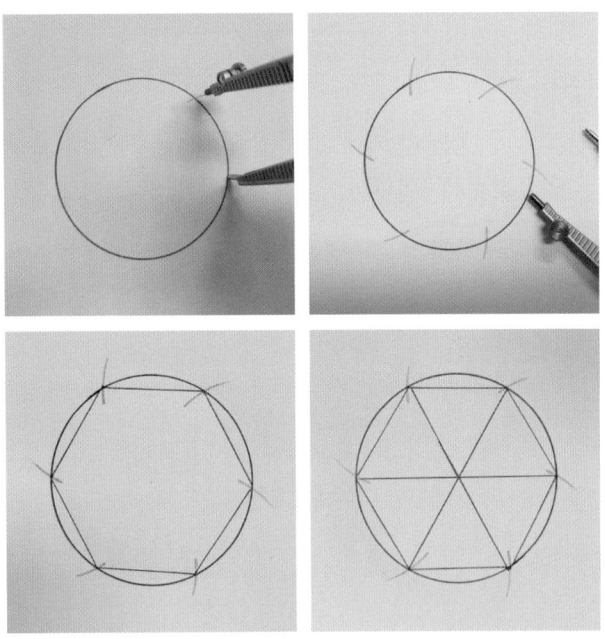

정육각형은 6개의 정삼각형으로 이루어져 있어요. 정육각형 한 변의 길이와 원의 반지름은 길이가 같지요. 그럼 정육각형의 둘레는 반지름의 6배와 같고, 이것은 지름의 3배와 같습니다.

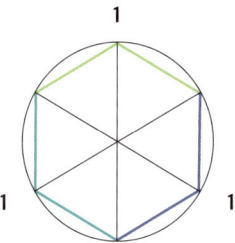

원의 둘레는 이 정육각형의 둘레보다는 클 테니 원의 둘레는 지름의 3배보다는 클 거예요. 원주율이 3보다 큰 것은 확실하지요?

---
3 < 원주율

이 두 가지 사실을 종합해 볼 때 수학자처럼 짐작할 수 있습니다. 원주율은 3보다는 크고 4보다는 작은 값이라는 것을 말이죠.

3 < 원주율 < 4

우리 같은 평범한 사람들이 여기까지 생각한 것만으로도 대단합니다. 그런데 수학자들이 이 정도로는 만족할 리 없지요. 원주율을 알아야 원의 둘레와 넓이를 계산할 수 있기 때문에 아주 오래전부터 수학자들은 정확한 원주율 값을 알아내기 위해 부단히 노력했습니다.

다음의 다각형을 볼까요?

다각형은 변의 개수가 늘어날수록 점점 원과 비슷한 모양이 됩니다. 수학자들은 거기서 힌트를 얻었어요. 다각형의 둘레를 이용해서 원둘레의 어림값을 구할 수 있겠구나! 선분으로 둘러싸인 다각형은 둘레 계산이 쉽다는 사실을 이용했습니다.

고대 그리스 수학자인 아르키메데스는 원의 안쪽과 바

깥쪽에 다각형을 그려서 그 다각형의 둘레를 구했습니다. 그러면 원둘레는 그 둘 사이에 있을 거라고 생각한 거죠.

도형과 측정

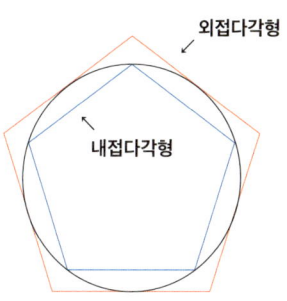

내접다각형의 둘레 < 원둘레 < 외접다각형의 둘레

아르키메데스는 다각형의 변을 계속 늘려 가면서 원주율 계산을 반복했어요. 다각형의 변이 많아질수록 원 모양에 가까워지니까 범위를 계속 좁혀 갈 수 있었거든요.

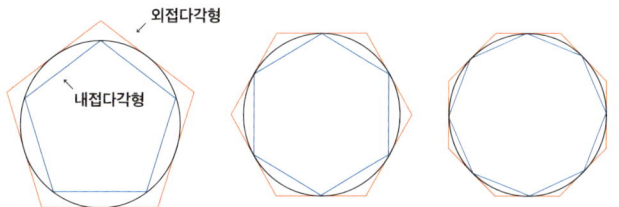

정사각형으로 계산한 원주율 범위

2.82843 < 원주율 < 4.00000

정오각형으로 계산한 원주율 범위

2.93892 < 원주율 < 3.63271

정육각형으로 계산한 원주율 범위

3.0000 < 원주율 < 3.46410

정칠각형으로 계산한 원주율 범위

3.03719 < 원주율 < 3.37101

정십이각형으로 계산한 원주율 범위

3.1056 < 원주율 < 3.2153

아르키메데스가 알아낸 원주율이에요. 범위가 점점 좁혀지는 걸 알 수 있습니다.

여러분이라면 정몇각형까지 그릴 수 있을 것 같나요? 아르키메데스는 무려 정96각형까지 그렸습니다. 그리고 마침내 원둘레와 비슷한 값을 구했습니다.

3.14084 < 원주율 < 3.142858

우리가 알고 있는 원주율과 소수점 아래 둘째 자리까지 일치합니다. 굉장히 근접하지요?

그 당시에는 계산기도 컴퓨터도 없고 지금은 흔한 펜과 종이도 귀했어요. 그런 척박한 환경에서 정96각형까지 그리다니, 원주율을 향한 아르키메데스의 집념이 느껴지나요. 로마가 침략했을 당시, 병사가 그의 집안에 들어와 바닥에 그린 원을 밟자 아르키메데스가 호통을 쳤다고 하죠. "내 원을 밟지 말라!" 화가 난 병사는 그를 그 자리에서 칼로 무참히 찔렀답니다. 아르키메데스의 최후에 대해서는 여러 설들이 있지만 확실한 한 가지는 아르키메데스의 칠십 평생을 '원'을 빼놓고는 절대 논할 수 없다는 것. 바닥에 그려진 그 원은 단순한 도형이 아니라 아르키메데스의 피, 땀, 눈물로 가득 찬 그의 인생이었을 겁니다.

아르키메데스 이후로도 수학자들의 원주율 계산은 계속됐습니다. 5세기 중국의 수학자 조충지가 2457각형으로 원주율 3.1415926~3.1415927를 계산했어요. 오스트리아의 천문학자인 크리스토프 그리엔베르거는 변의 개수가 10의 40제곱인 다각형을 사용해서 소수점 아래 38번째 자리까지 원주율을 계산했다고 합니다.

평생 동안 원주율의 값을 구하는 데 시간을 보낸 수학

자도 있어요. 16세기 독일의 수학자 루돌프 판 쾰런은 아르키메데스의 다각형법을 이용하여 원주율의 값을 소수점 아래 35자리까지 계산했습니다. 사람들은 쾰런의 유언에 따라 묘비에 그가 구한 원주율의 값을 새겨 넣었다고 합니다.

그 후 대수학이 발전하면서 다각형 둘레가 아닌 수열을 사용해 원주율을 구했습니다. 뉴턴과 라이프니츠가 미적분을 발명하자 원주율 계산은 훨씬 간단해졌어요. 뉴턴 이후의 수학자들은 소수점 아래 수백 번째까지 쉽게 계산했습니다. 그러다 1882년 독일의 수학자 린데만이 원주율은 무한한 소수라는 것을 증명했다고 합니다.

지금은 컴퓨터를 이용해 소수점 아래 수십조 자리까지 계산할 수 있습니다. 자연수 3 뒤의 소수점 자리에 있는 수들은 패턴이 없어요. 끝도 없어요. 계속 이어집니다. 원주율은 인간이 닿을 수 있는 수가 아니에요.

3.14159265358979323846264338327950288419716939937510582097494459230781640628620899862803482534211706798214808651328230664709384460955058223172535940812848111745028410270193852110555964462294895493038196442881097566593344612847564823378678316527120190914564856692346034861045432664821339360726024914127372458700660631558817488152092096282925409171536436789259036001133053054882046652138414695194151160943305727036575959195309218611738193261179310511854807446237996274956735188575272489122793818301194910

끝을 알 수 없으니까 이것을 일컫는 기호를 만들었습니다. 그게 바로 π입니다.

그리스어로 '둘레'를 뜻하는 περίμετρος의 첫 글자를 따서 π라고 정했습니다. 이 π 기호를 사용한 지는 250년 정도밖에 되지 않지만 원주율을 향한 노력은 몇천 년 동안 지속되어 왔지요.

근데 원주율을 3, 3.1, 3.14 정도로 타협해서 사용하면 편할 거 같은데 인류는 왜 그토록 오랫동안 정확히 계산하고자 한 걸까요?

우리가 시험지에서 푸는 문제는 3.14로 계산해도 아무 문제가 되지 않지만, 현실에서 사용하는 원주율은 정확도가 굉장히 높아야 하기 때문입니다. 원주율이 정확하지 않다면 기계 작동도 오차가 점점 커지고 지구의 자전과 공전 주기, 별의 위치도 제대로 알아낼 수 없습니다. 집집마다 벽시계의 시각도 다를 수 있어요. 핸드폰의 GPS도 우리가 원하는 곳의 정확한 위치를 찾아내지 못합니다. 현대 과학은 원주율을 사용하는 분야가 굉장히 다양하고 오차를 불허합니다. 그래서 공학과 산업 분야에서는 계산의 정확도를 위해 소수점 아래 6번째 자리 수까지 반영한다고 해요. 3월 14일 15시 9분 2초를 '파이데이'로 지정해 전세계가 기념하는 것도 이 때문입니다.

인류가 정확한 값을 찾기 위해 몇천 년 동안 애썼던 π. 불멸의 수학 기호 π에게 헌정하는 음악도 있습니다. 영화

〈이상한 나라의 수학자〉에 북한 수학자 리학성이 원주율의 숫자를 음표로 변환한 '파이송'을 연주하는 장면이 나옵니다. 원주율이 곧 악보이지요. 여러분도 감상해 보세요. 이토록 아름다운 수학을.

45×45를
암산하는 방법

> 수와 연산

　45×45는 45를 두 번 곱한 수입니다. 45^2과 같지요. 이걸 암산해서 답을 구할 수 있나요?

　사실 암산 가능 여부는 중요하지 않습니다. 이 질문을 던진 이유는 빠른 계산을 장려하기 위함이 아니라, 곱셈의 원리를 이참에 제대로 파악하자는 의도입니다.

　혹시 머릿속에 이런 팝업창 하나 띄우고 푸셨을까요?

$$\begin{array}{r} 45 \\ \times\ 45 \\ \hline 225 \\ 180 \\ \hline 2025 \end{array}$$

이런 세로셈은 필산하는 게 가장 정확합니다. 굳이 암산해야 할 이유는 없어요. 그런데 45×45를 계산하는 방법이 이 방법 하나뿐일까요? 다르게 접근해 봐요. 숫자끼리만 지지고 볶는 연산은 재미없잖아요. 계산 과정에 담긴 수학의 원리를 시각화하는 겁니다.

먼저 곱셈의 의미부터 생각해 봅시다. 3×5를 시각적으로 표현해 볼까요?

이런 직사각형입니다. 3개씩 5줄이 있어요. 3과 5를 곱한 값은 이 직사각형의 넓이와 같습니다.

그렇다면 13×5는 어떨까요.

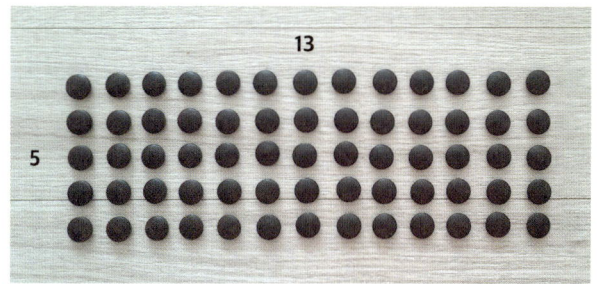

 수와 연산

가로는 13, 세로는 5인 직사각형입니다. 좀 더 보기 쉽게 바꿔 볼게요. 13은 10+3이니까 이렇게 나눌 수도 있습니다.

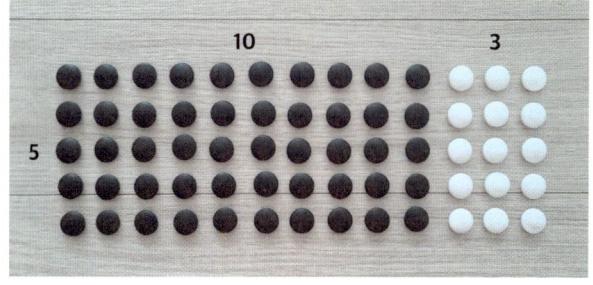

보기가 한결 편하지 않으세요? 우리는 수가 10의 단위로 떨어져야 심적으로 편안함을 느끼잖아요. 계산도 훨씬 수월해지고요.

이제 직사각형이 2개가 됐어요. 두 직사각형 넓이의 합은 전체 직사각형 넓이와 같아요. 검은 직사각형의 넓이는 (10×5), 흰 직사각형의 넓이는 (3×5)입니다. 이 둘을 더한 (10×5)+(3×5)가 전체 직사각형의 넓이예요.

여기서 우린 알 수 있습니다.

13×5=(10+3)×5=(10×5)+(3×5) 라는 것을요.

이게 바로 그 유명한 '분배법칙'입니다. 분배법칙이 뭐였더라, 기억이 날 듯 말 듯 뭔가 알 듯 말 듯한가요?

우리 모두 중학교 수학 시간에 열심히 배웠어요.

$$a(b+c)=ab+ac$$

곱셈으로 연결된 괄호식을 이렇게 전개했었지요. 이걸 그림으로 나타내면 한 변은 a, 다른 한 변은 (b+c)인 직사각형이에요.

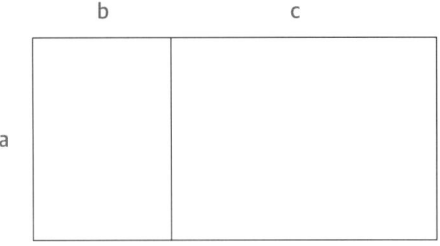

전체 사각형 넓이는, 2개의 사각형 넓이를 더한 값과 같으니까 ab+ac가 됩니다. 그래서 a(b+c)=ab+ac라는 분배법칙이 성립하죠.

직사각형 넓이 구하기로 곱셈의 분배법칙을 쉽게 이해할 수 있습니다. 이유는 모른 채 무조건 외우기만 했던 분배법칙이 이제야 납득이 됩니다.

23×15도 해 봅시다. 23은 (20+3)으로, 15는 (10+5)로 나눠서 직사각형을 그려 보세요. 눈으로 보기보다 손으로 그리면 더 확실히 내 것이 되거든요. 수치에 맞춰서 정확히 그리지 않아도 괜찮아요. 그림은 어디까지나 생각의 보조 장치니까요.

4개의 직사각형으로 분할된 커다란 사각형이 생겼습니다. 각각의 직사각형을 가, 나, 다, 라라고 칭합니다. 그런 다음 각각의 넓이를 구해 보세요.

	20	3
10	가	다
5	나	라

가의 넓이: 20×10

나의 넓이: 20×5

다의 넓이: 3×10

라의 넓이: 3×5

전체 사각형의 넓이는 다음과 같습니다.

가+나+다+라

=(20×10)+(20×5)+(3×10)+(3×5)

=200+100+30+15

=345

이걸 다시 식으로 정리해 봅시다.

23×15

=(20+3)×(10+5)

=(20×10)+(20×5)+(3×10)+(3×5)

=200+100+30+15

=345

이것이 바로 두 번의 분배법칙이 있는 전개식입니다.
$(a+b)(c+d)=ac+ad+bc+bd$ 이거요.
이 식을 그림으로 다시 볼까요? 전체 직사각형의 넓이

는 (가로×세로)니까 (a+b)×(c+d)가 됩니다.

	a	b
c	가	다
d	나	라

각각의 사각형을 '가, 나, 다, 라'라고 하면 다음이 성립하죠.

가의 넓이: a×c=ac

나의 넓이: a×d=ad

다의 넓이: b×c=bc

라의 넓이: b×d=bd

(전체 직사각형의 넓이)
=가+나+다+라
=ac+ad+bc+bd

그래서 (a+b)(c+d)=ac+ad+bc+bd 입니다. 사각형의 넓

이로 보니 분배법칙도 직관적으로 이해가 쉽습니다.

혹시 $(a+b)^2=a^2+2ab+b^2$라는 곱셈 법칙을 기억하나요? 그 당시에 정말 열심히 외웠었죠. 근데 식이 왜 이렇게 전개되는지도 기억나나요? 이것 역시 그림으로 그려 보면 쉽게 알 수 있습니다.

이번엔 직사각형이 아니라 정사각형입니다. 가로 세로 모두 $(a+b)$이지요. 이 정사각형의 넓이는 $(a+b) \times (a+b)$이니까 $(a+b)^2$과 같습니다. $(a+b)^2$을 수학에서는 '완전제곱식'이라고 합니다.

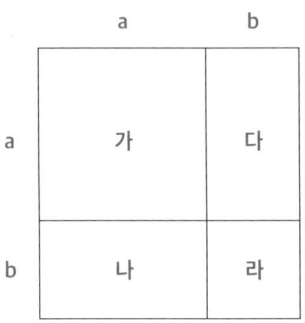

4개의 사각형을 각각 (가, 나, 다, 라)라고 하면 다음이 성립해요.

가의 넓이 : $a \times a = a^2$

나의 넓이 : $a \times b = ab$

다의 넓이 : b×a=ba=ab

라의 넓이 : b×b=b²

(전체 정사각형의 넓이)
=(가+나+다+라)
=a²+ab+ab+b²
=a²+2ab+b²

$(a+b)^2$의 완전제곱식 전개식은 $a^2+2ab+b^2$이 됩니다.

이제 처음의 문제인 45×45로 돌아가 봅시다. 이 곱셈 법칙을 이용해 풀 수 있습니다. 45는 40+5이니까 다음의 식이 성립합니다.

45²
=(40+5)²
=40²+(2×40×5)+5²
=1600+400+25
=2025

앞의 수를 제곱한 수와 두 수의 곱에 2를 곱한 수를 더하고, 뒤의 수를 제곱한 수까지 더하면 끝.
이걸 시각화해 보면 다음과 같아요.

```
         40      5
      ┌───────┬───┐
      │       │   │
   40 │   가  │ 다│
      │       │   │
      ├───────┼───┤
    5 │   나  │ 라│
      └───────┴───┘
```

가의 넓이: 40×40=40²

나의 넓이: 40×5

다의 넓이: 40×5

라의 넓이: 5×5=5²

(가+나+다+라)

=40²+(2×40×5)+5²

=1600+400+25

=2025

 원리를 알았으니 이제 101^2도 거뜬히 암산할 수 있어요. 큰 수라서 어렵겠다고요? 절대 그렇지 않아요. 미리 겁먹지 마세요. 101이 (100+1)임을 눈치챘다면 이미 이 문제의 절반은 푼 거나 다름없어요. 시작이 반이니까요.
 이런 정사각형을 상상해 보세요.

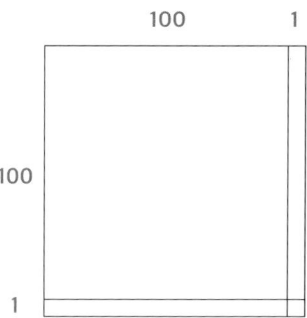

이제 4개의 사각형 넓이를 각각 구한 다음 더해 주기만 하면 됩니다.

제일 큰 정사각형은 $100^2=10000$입니다.

중간 크기의 직사각형은 $100\times1=100$인데 2개니까 $100\times2=200$입니다.

제일 작은 정사각형은 $1^2=1$이고요.

다 더하면 $10000+200+1=10201$ 끝. 제곱 암산도 결코 어렵지 않아요.

이것을 식으로 정리하면 이렇게 됩니다.

101^2

$=(100+1)^2$

$=100^2+(2\times100\times1)+1^2$

$=10000+200+1$

$=10201$

식이 되레 복잡해 보이나요? 이미 사각형 넓이로 다 계산한 걸 수학적으로 깔끔하게 정리한 것뿐이랍니다.

생각보다 어렵지 않지요? 어렵다고 생각하는 우리의 생각이 수학을 더 어렵게 만드는 게 아닐까요. 어렵다 할지라도 그 어려운 문제를 내 힘으로 해결하고 나면 얼마나 뿌듯하게요. 동네방네 떠들고 싶어진다니까요. 찬찬히 하나씩 따져 보면 수학도 할 만하다고 감히 말해 봅니다.

음수 곱하기 음수는
왜 양수일까?

(+)×(+)=(+)

(-)×(+)=(-)

(-)×(-)=(+)

우린 중학교 때 이렇게 배웠어요. 묻지도 따지지도 않고 무작정 외웠었지요. 왜 그 당시에는 이유를 궁금해하지 않았을까요?

이런 생각을 그때 했더라면 훨씬 좋았겠지만 어른이 된 지금이라도 궁금증을 해결해 봅시다.

(+)×(+)=(+)부터 의심해 보자고요. 양수 곱하기 양수는 양수. 사실 이건 너무나 당연합니다. 곱셈(×) 자체가 덧셈(+)을 편리하게 표기하고자 만들어 낸 기호니까요.

예를 들어 2를 다섯 번 더한 것을 2+2+2+2+2라고 일일이 쓰기 귀찮으니까 다섯 번 더했다는 의미로 (×5)를 사용하게 된 거예요. 2+2+2+2+2는 2×5와 같습니다. 곱셈식이 덧셈식보다 훨씬 간결하죠.

양수는 자연수인데 자연수를 1개 이상 더하면 당연히 자연수일 수밖에 없어요. 그래서 양수 곱하기 양수는 언제나 양수입니다.

이제 (-)×(+)=(-), 음수 곱하기 양수는 음수임을 살펴봅시다. 이건 왜 그런 걸까요?

음수에 양수를 곱했다는 것은 음수를 양수 번만큼 더했다는 의미입니다. (-2)×5라는 식을 통해 살펴볼까요?

(-2)×5=(-2)+(-2)+(-2)+(-2)+(-2)인데요. (-2)를 다섯 번 더하면 (-10)입니다.

내가 마이너스 통장에서 2만 원씩 다섯 번 인출했다고 칩시다. 내 통장 잔고는 -10만 원이에요. 입금은 없고 출금만 계속된다면 내 통장은 영원히 마이너스일 거예요. 하늘이 두 쪽 나도 결코 플러스가 될 리 없어요. 그래서 음수 곱하기 양수는 항상 음수입니다.

음수를 아무리 더해 봤자

계속 작아진다

자, 이제 (-)×(-)=(+)를 살펴봅시다. 음수에 음수를 곱하면 왜 양수가 되는 걸까요.

곱셈의 의미를 떠올려 보면서 (-2)×(-3)를 계산해 보겠습니다. (-2)×(-3)는 (-2)를 (-3)번만큼 더했다는 건데 이게 말이 되나요? 말이 안 되죠. 수학에 모순이 발생했습니다.

사실 그럴 만한 사연이 있어요. 음수의 개념은 곱셈의 개념보다 훨씬 후에 생겼기 때문이에요.

곱셈의 흔적은 대부분의 고대 문명에서 발견됐습니다. 반면 음수는 수 세기 동안 인정받지 못했어요. 수학자에게 조차 셀 수 없는 수는 엉터리 수라는 취급을 받았죠.

음수의 개념은 17세기가 지나서야 받아들여졌어요. 사정이 이렇다 보니 같은 수를 여러 번 더한다는 의미의 곱셈이 음수에 적용되지 않았습니다.

하지만 수학은 논리의 학문입니다. 모순이 있다면 그 개념이 성립하는 자체가 불가해요. 새로운 기호와 규칙은 계속 생겨날 수 있지만 기존의 개념과 모순되지 않도록 주의해야 합니다. 그래서 수학계에서는 음수 곱하기 음수는 양수라고 아예 못 박았어요. 음수 곱하기 음수를 양수라고 정하지 않으면 어째서 모순이 발생하는지 살펴볼까요?

우선 짚고 넘어갈 게 있습니다.

수와 연산

□×1=□

□×0=0

어떤 수에 1을 곱하면 그 수를 한 번 더한 거니까 그대로 그 수가 됩니다. 그리고 어떤 수에 0을 곱한다는 건 0번을 더한 거니까 0이 되고요. 이건 수학에서 정한 약속이에요. 잘 기억해 두세요.

(-1)×(-1)이 왜 (+1)이 될 수밖에 없는지 증명 시작합니다. 천천히 흐름을 따라오세요.

1-1=0

1을 뺐다는 것은 (-1)을 더한 것과 같으니 이렇게 바꿔 쓸 수 있어요.

1+(-1)=0

등호(=)는 좌변과 우변이 같음을 의미합니다. 양변에 같은 수를 더하거나 빼거나 곱하거나 (0이 아닌 수로) 나누어도 등호 관계는 성립하므로 좌변과 우변에 똑같이 (-1)을 곱합니다.

(-1)×{1+(-1)}=(-1)×0

그런데 어떤 수에 0을 곱하면 0이 되니까 우변의 값은 0입니다. 이 식을 다시 정리해 볼게요.

(-1)×{1+(-1)}=0

이 식을 바로 앞에서 봤던 분배법칙을 이용해 전개해 보겠습니다.

{(-1)×1}+{(-1)×(-1)}=0

(-1)×1은 (-1)을 한번 더한 값이니까 그대로 (-1)이 됩니다. 식을 다시 정리하면 이렇게 되겠죠.

(-1)+{(-1)×(-1)}=0

여기서 {(-1)×(-1)}을 한 덩어리라고 여기고, □라고 해 봅시다.

(-1)+□=0

(-1)에 어떤 수를 더해야 0이 될까요?
□=1일 수밖에 없습니다.
그래서, (-1)×(-1)=1, 즉 (+1)이 됩니다.

(-1)×(-1)이 어째서 (+1)이 되는지 증명해 봤는데요. 이번엔 발견해 봅시다.

(-1)×3=(-3)

(-1)×2=(-2)

(-1)×1=(-1)

(-1)×0=0

(-1)×(-1)=?

규칙을 발견하셨나요? 곱하는 수가 1씩 작아지면 곱한 값은 1씩 커집니다. (-1)에 3을 곱하면 (-3), 2를 곱하면 (-2), 1을 곱하면 자기 자신인 (-1)이 됩니다. 0을 곱하면 0. 계산값이 1씩 커지니까 -1을 곱하면 (+1)이 됩니다.

(-1)×(-1)=(+1)

(-1)×(-2)=(+2)

(-1)×(-3)=(+3)

곱셈의 의미만 가지고는 음수 곱하기 음수를 제대로 설명하기 어렵지만, 음수 곱하기 음수가 양수일 수밖에 없는 이유는 증명할 수 있었습니다.

> 마이너스×플러스=마이너스
>
> 마이너스×마이너스=플러스

수와 연산

    예전에 "이건 그냥 외워."라고 하셨던 선생님 말씀이 이해가 됩니다. 이건 수학자들이 정한 약속이니까 곧이곧대로 받아들여야 해요. 우리가 초중고에서 배우는 수준의 수학은 이미 수학자들이 수없이 의심하고 오랫동안 고민해서 수많은 검증 끝에 정한 완성형이니까요.

    그렇다고 "왜?"라는 의문을 품는 게 무의미하다는 말은 절대 아닙니다. 수학은 "왜?"라는 생각을 품어야 재밌어지는 과목이니까요. "왜?"가 빠진 수학은 그저 어렵기만 하거든요. 그러면 수학이 싫어질 수밖에 없어요. 수학에서 "왜?"는 필수입니다.

반비례는
정비례의 반대?

정비례와 반비례.

많이 들어 본 말이지요. 중학교에서 배운 수학 용어이기도 하고 일상생활에서도 흔하게 사용하는 단어입니다.

여러분은 일상생활에서 어떨 때 정비례라는 말을 쓰고, 어떨 때 반비례라는 말을 쓰나요? 예를 들어 열심히 운동해서 살을 뺐을 때 "역시 운동량에 (정)비례해서 살이 빠졌어."라고 말하죠. 한편 반비례는 이렇게 많이 사용하는 것 같아요. "핸드폰을 오래 보면 공부를 못해. 핸드폰 보는 시간과 성적은 반비례하거든."

아무 생각없이 써 온 정비례와 반비례라는 말.

그런데 우리는 개념을 제대로 알고 쓰는 걸까요?

다음의 좌표평면을 봐 주세요.

이 그래프는 정비례일까요? 반비례일까요?

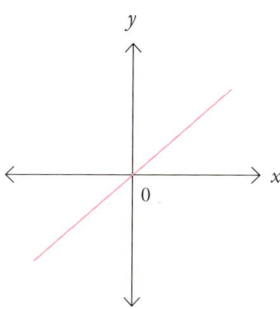

네, 정비례 관계를 나타낸 그래프입니다. x의 값이 증가할수록 y의 값도 증가하니까요.

그렇다면 이 그래프는 정비례일까요? 반비례일까요?

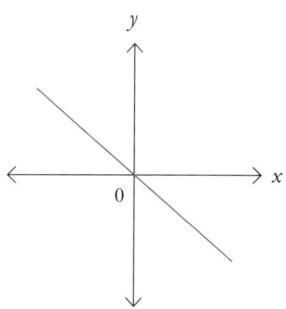

처음 제시한 정비례 그래프와 방향이 반대로군요. x의 값이 증가할수록 y의 값은 감소합니다.

만약 이 그래프가 반비례라고 생각한다면, 당신은 그동안 반비례의 개념을 잘못 알고 있었던 겁니다. 반비례는 이름 때문에 정비례의 반대라는 오해를 받고 있는데요. 이 그래프는 반비례와 아무 상관 없어요. 정비례 그래프입니다.

다음 뉴스 기사의 제목을 읽어 보세요.

- 프로 야구, 관중 수와 팀 성적 반비례 기현상
- 재미와 무해함은 반비례하지 않는다?
- 천재성과 도덕성은 반비례?

인터넷 기사를 보면 뭔가가 늘어날 때 다른 뭔가는 줄어드는 현상, 또는 두 가지 상황이 반대되는 양상으로 발생할 때 이를 '반비례'라고 표현하고 있는데요. 이는 엄연히 틀린 표현입니다. 우리가 남발하고 있는 반비례는 사실 그런 뜻의 단어가 아니에요.

반비례의 정체를 수학적으로 밝혀 보려 합니다. 반비례에 앞서 우선 정비례부터 제대로 알고 넘어갑시다.

정비례는 두 변수 x, y에 대하여 x의 값이 2배, 3배, 4배…로 변함에 따라 y의 값도 2배, 3배, 4배…로 변하는 관계에 있을 때 y는 x에 정비례한다고 합니다.

정비례를 관계식으로 쓰면?

$y=ax(a\neq 0)$ 꼴입니다.

그렇기에 y가 x에 정비례할 때 y를 x로 나눈 값은 a로 항상 일정합니다.

변화와 관계

$$y \div x = a$$

예를 들어 1개에 3g인 물건이 있다고 합시다. 2개면 6g, 3개면 9g, 4개면 12g이 됩니다. 물건의 개수를 x라 하고 물건의 무게를 y라 할 때 x와 y의 관계를 표로 나타내면 다음과 같습니다.

		2배	3배	4배	5배	
x(개)	1	2	3	4	5	…
y(g)	3	6	9	12	17	…
		2배	3배	4배	5배	

이를 식으로 나타내면 $y=3x$입니다.

이제 y값을 x값으로 나누어 볼까요?

3÷1=3

6÷2=3

9÷3=3

12÷4=3

15÷5=3

…

항상 3으로 일정하니까 정비례 관계인 겁니다.

이 식에서는 비례상수가 양수 3이지만, 비례상수는 음수일 수도 있어요.

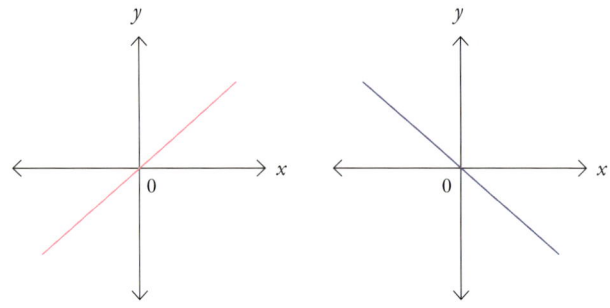

왼쪽 그래프를 보세요. a가 양수일 때는 그래프가 오른쪽 위로 향합니다. x값이 증가하면 y값도 증가해요. 이것이 우리가 일반적으로 알고 있는 정비례입니다.

한편 오른쪽 그래프의 경우 오른쪽 아래로 향하네요. x값이 증가하면 y값은 감소합니다. 이를 반비례라고 잘못 알고 있는 경우가 많은데 이것 역시 정비례입니다. 비례상수가 음수인 음의 비례예요.

정비례는

x가 증가하면 y가 증가하기도 하고

x가 증가하면 y가 감소하기도 한다

그렇다면 반비례는 뭘까요?

두 변수 x, y에 대하여 x의 값이 2배, 3배, 4배...로 변함에 따라 y의 값은 $\frac{1}{2}$배, $\frac{1}{3}$배, $\frac{1}{4}$배...로 변하는 관계에 있을 때, y는 x에 반비례한다고 합니다.

y가 x에 반비례하면 관계식은 $y=a \div x (a \neq 0)$ 꼴입니다. $y=\frac{a}{x}$ 꼴이 더 익숙할 거예요.

그렇기에 y가 x에 반비례하면, x와 y를 곱한 값은 항상 a로 일정합니다.

---

xy=a

> 변화와 관계

반비례를 구체적인 상황에 대입해 볼게요. 사과 12개를 x명에게 나누어 줄 때, 1명이 받는 사과의 개수를 y개라고 해 봅시다. 1명뿐이라면 한 사람이 12개를 다 받게 되고 2명일 때는 한 사람당 6개씩 받습니다. 3명일 때는 4개씩, 4명일 때는 3개씩 받을 수 있습니다. 이때의 x와 y 사이의 관계를 표로 나타내 봅시다.

x(명)	1	2	3	4	6	…
y(개)	12	6	4	3	2	…

이를 식으로 나타내면 $y=12÷x$입니다.

x와 y를 곱해 볼까요?

1×12=12

2×6=12

3×4=12

4×3=12

…

항상 12가 됨을 알 수 있습니다.

하나 더 해 볼까요. 넓이가 24cm²인 직사각형의 가로의 길이를 $x$cm, 세로의 길이를 $y$cm라고 할 때 x와 y의 관계는 다음과 같은 표로 나타낼 수 있습니다.

x(가로의 길이)	1	2	3	4
y(세로의 길이)	24	12	8	6

x와 y의 관계식은 $y = 24 \div x$ 입니다.
x와 y를 곱해 봅시다.

1×24=24

2×12=24

3×8=24

4×6=24

…

항상 24가 됩니다.

$x \times y = 24$이므로, x와 y는 반비례 관계입니다.

반비례를 좌표평면에 나타내면 어떤 그래프가 될까요? 바로 다음 쪽의 곡선 그래프가 됩니다.

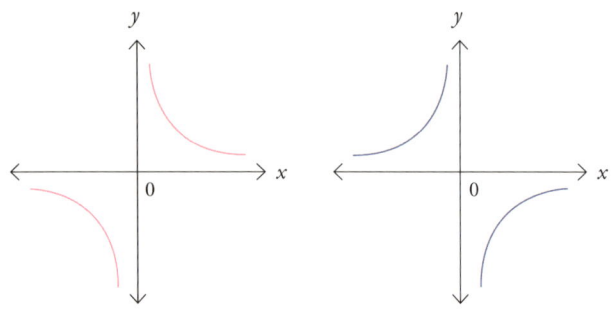

정비례 그래프와는 영 딴판입니다. 반비례일 경우에는 마주 보는 한 쌍의 곡선 형태예요. x축과 y축을 넘을 듯 말 듯 넘지 않아요. 0에 닿을락 말락 하면서 매끄럽게 이어지는 곡선 그래프입니다.

자, 이제 정비례와 반비례의 정확한 차이를 알겠죠?

> **정비례**는 두 양의 **비가 일정**한 관계
> **반비례**는 두 양의 **곱이 일정**한 관계

정비례와 반비례의 차이를 제대로 이해했는지 다음의 문제로 셀프 테스트해 보세요. 다음은 정비례일까요? 반비례일까요? x와 y의 관계식을 생각하면 쉽게 판별이 됩니다.

1. 시속 10km로 x시간 동안 달린 거리 $y$km

2. 100km의 거리를 시속 $x$km로 가는 데 걸리는 y시간

3. 하루 중 낮의 길이 x시간과 밤의 길이 y시간

4. 총 500쪽인 책을 x쪽 읽고 남은 쪽수 y쪽

5. 곱이 30인 두 수 x, y

정답을 확인해 볼까요?

1. 관계식: $y=10x$이므로 정비례
2. 관계식: $y=100\div x$이므로 반비례
3. 관계식: $y=24-x$이므로 정비례도 반비례도 아니다!
4. 관계식: $y=500-x$이므로 정비례도 반비례도 아니다!
5. 관계식: $xy=30$, $y=30\div x$이므로 반비례

이제는 정비례와 반비례의 차이가 확실해졌습니다.

실상은 이러할진대 우리는 왜 일상생활에서 반비례를 잘못 사용하고 있는 걸까요? 혹시 발음만 같고 뜻은 다른 동음이의어가 있는 걸까요? 그래서 이번엔 수학책이 아닌 국어사전에서 '반비례'의 뜻을 찾아봤습니다.

변화와 관계

> **반-비례(反比例)**
>
> 「명사」
>
> 『수학』 한쪽의 양이 커질 때 다른 쪽 양이 그와 같은 비로 작아지는 관계. 한쪽이 2배, 3배 등등이 될 때, 다른 쪽은 $\frac{1}{2}$, $\frac{1}{3}$ 등등으로, 역수로 비례하는 관계이다. ≒상반비, 역비례.

국어사전에서도 반비례를 수학 용어의 하나로 정의하고 있습니다. 알게 된 이상 모르던 때로 되돌아갈 수 없어요. 이제는 일상생활에서 '반비례'라는 표현을 남발하지 않기로 해요. 반비례는 정비례의 반대가 아니니까요.

12÷3이
의미하는 것

혹시 제목을 보자마자 4라는 수가 떠올랐나요? 보통 이런 식을 보면 본능적으로 계산부터 하게 됩니다.

근데 전 12÷3의 답이 뭐냐고 묻지 않았어요. 12÷3이 무슨 의미인가를 질문했습니다.

수학은 '맥락'이 중요하다

혹시 '나누기'의 의미에 대해서 생각해 본 적 있나요? 나눗셈으로 얻어진 값이 아니라, 그 값이 무엇을 의미하는지 알고 있는지요? 수학에도 맥락이 있습니다. 그러니 주

어진 상황의 맥락을 먼저 파악해야 해요.

이해가 쉽도록 사과가 12개 있다고 해 봅시다.

12÷3의 상황을 만들어 볼까요? 책장을 넘기지 말고 사과 12개로 문제를 생각해 보세요. 지레짐작컨대, 혹시 이런 상황을 떠올렸을까요?

"사과 12개를 3명이 똑같이 나눠 가지려면?"

또는 이런 상황인가요?

"사과 12개를 바구니 3개에 똑같이 나눠 담으려면?"

그런데 이 두 가지 상황은 나눠 갖는 대상이 사람이냐, 바구니냐의 차이이지 사실 같은 의미입니다. 사과 12개를 3등분해서 똑같이 4개씩 나눠 갖는, 동일한 맥락이에요. 일상생활에서도 이렇게 무언가를 배분해야 하는 상황은 빈번하게 일어납니다. 그래서 우리에겐 이 개념이 당연하면서 자연스러워요.

그러면 이건 어떤가요?

$$3 \div \frac{1}{2}$$

이 상황은 어떻게 설명할 수 있을까요? 사과 3개를 $\frac{1}{2}$명이 똑같이 나눠 갖는다? 뭔가 좀 이상하죠? 아니면 사과 3개를 똑같이 $\frac{1}{2}$바구니에 나눠 담는다? 이것도 이상합니다. 분명 아까와 같은 나눗셈 기호를 사용했는데 의미가 혼란스럽습니다.

아이들은 사칙연산 중 나눗셈을 가장 어려워하는데요. 그 이유는 나눗셈을 '똑같이 나눠 갖는 것'이라고만 생각하기 때문이에요. 그러다 분수의 나눗셈 같은 문제를 만나면 당황스러워합니다.

나눗셈에는 두 가지 의미가 있는데, 한 가지만 알면 나눗셈이 어렵고 복잡해져요. 둘 다 알아야 합니다.

- 등분제: 똑같이 나눠 갖기
- 포함제: 똑같이 나눠 주기

나눗셈은 등분제와 포함제, 두 가지 개념이 있습니다. 주어진 대상을 모두 같은 크기의 묶음으로 나눈다는 것은 같지만 분명 차이가 존재합니다.

12÷3으로 두 가지 개념의 차이를 알아볼게요.

"사과 12개를 3명이 똑같이 나누려고 할 때, 1명이 몇

개씩 가질 수 있을까?"

이렇게 똑같이 나눠 갖는 것을, 수학에서는 등분제라고 합니다. 등분제는 똑같이 나눠 가질 대상의 수를 알려 주고 하나의 대상이 몇 개씩 갖게 되는지를 묻는 것으로, 몫은 '하나의 대상이 나눠 갖게 될 수'가 됩니다. 이 문제에서 몫 4는 '사과 4개'를 의미합니다.

그런데 이런 경우도 있어요.

"사과 12개를 한 사람당 3개씩 나눠 줄 때, 몇 명에게 줄 수 있을까?"

이 상황 역시 12÷3입니다.

이처럼 똑같이 나눠 주는 것을 포함제라고 합니다. 포함제는 똑같이 나눠 줄 개수를 알려 주고 몇 개의 대상에게 줄 수 있는가를 묻는 것으로 몫은 '나눠 줄 대상의 수'

가 됩니다. 이 문제에서 몫 4는 '4명'을 뜻해요. 식으로 쓰면 다음과 같죠.

12-3-3-3-3=0 → 12÷3=4

포함제는 뺄셈식을 나눗셈식으로 간단히 나타낸 겁니다. 말 그대로 12에 3이 몇 개 포함됐느냐를 묻습니다. 나눗셈은 뺄셈의 변형이니까, "몇 번 뺄 수 있어?"라고 기억하면 개념 이해가 쉽습니다.

몇 번 뺄 수 있어?

등분제는 나눠 갖는 대상(3명)이 정해져 있고, 포함제는 나눠 줄 개수(3개씩)가 정해져 있습니다. 그래서 등분제는 나눗셈의 몫이 '하나의 대상이 나눠 갖는 수(4개)'가 되고, 포함제는 나눗셈의 몫이 '나눠 줄 대상의 수(4명)'가 됩니다. 언뜻 비슷해 보이지만 의미는 다릅니다. 그림으로 보면 한결 이해가 쉽습니다.

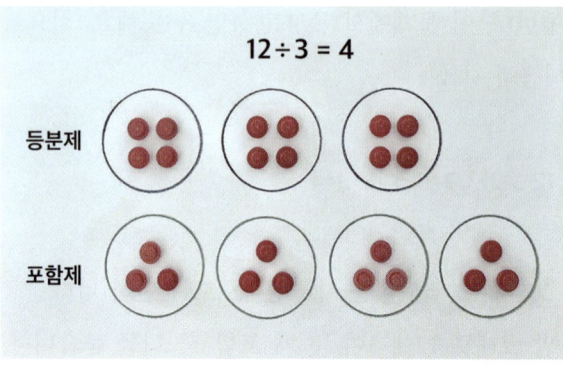

등분제와 포함제가 서로 다르지요? 수식으로는 똑같이 12÷3=4지만, 그림으로 나타내면 전혀 다른 의미입니다. 12를 3으로 나누면 4가 된다고 아는 것보다, 그 맥락을 이해하는 게 더 중요한 이유입니다.

혹시 포함제가 생소한가요? 포함제라는 수학 용어는 몰라도 상관없지만, 의미만은 알고 있어야 합니다. 나눗셈이 뺄셈에서 비롯됐음을 말이죠. 사실 수학에서는 등분제보다 포함제가 더 많이 사용됩니다. 포함제는 나눗셈 문제를 해결하는 만능키라고 할 수 있어요. 안타깝게도 이런 포함제 상황이 나눗셈이라는 사실조차 모르는 분들이 많습니다. 우리 머릿속에는 나눗셈 하면 오직 등분제만 떠오를 뿐입니다.

요즘도 배움이 크게 다르진 않은 것 같아요. 똑같이 나눠 갖는 등분제와 똑같이 나눠 주는 포함제가 전혀 다른 상황이고 이걸 하나의 나눗셈식으로 나타낼 수 있다고 교과서에도 언급되어 있지만 아이들이 이 둘을 구분짓기가 어려워요. 문제의 맥락을 파악하기보다 나눗셈 단원에 나오는 문제니까, 긴 지문에서 숫자들을 추출해 나눗셈 기호로 연결하고는 계산'만' 합니다.

혹시 초등학교 3학년 이상의 자녀가 있다면 12÷3으로 함께 여러 문제 상황을 만들어 보세요. 등분제 말고 포함제의 개념도 아이가 잘 이해하고 있는지 확인해 보고 아이가 잘 모른다면 슬며시 다정하게 제시해 주세요.

그런데 포함제 개념은 나눗셈에서 왜 중요할까요? 그냥 답만 구하면 되는 거 아니냐고요? 나눗셈 연산이 포함제로 계산되기 때문이에요.

4학년 교과서에 나오는 나눗셈 문제를 볼게요. 4학년 1학기 3단원 '곱셈과 나눗셈'에서 (세 자리 수)÷(몇십몇)을 배우는데, 이런 문제가 나옵니다.

> 페트병 뚜껑이 525개가 있는데, 로봇 1개 만들 때마다
> 뚜껑 25개가 필요해. 그럼 로봇은 모두 몇 개 만들 수 있을까?

'이 문제를 잘 읽어보면 525를 25등분해야 하는 상황이 아니에요. 25개씩 묶어야 하는 상황입니다. 맥락을 보면

포함제입니다.

그리고 계산할 때 세로셈으로 써서 하잖아요. 이 역시 포함제로 계산됩니다. 525÷25는 '525에서 25를 몇 번 뺄 수 있어?'를 묻는 겁니다.

```
      2                    21                    21
25)525              25)525                25)525
   500  ← 25×20         500                    50
   ─────                ───                   ───
    25  ← 525-500        25                    25
                         25  ← 25×1            25
                        ───                   ───
                          0  ← 25-25            0
```

525에서 25를 20번(25×20=500) 뺐더니 25가 남았네요. 그럼 25를 한 번 더 뺄 수 있겠지요? 모두 합쳐 21번을 빼 준 겁니다. 그래서 몫이 21이에요.

그동안 습관적으로 나눗셈을 계산했던 방식, 알고 보면 포함제 방식이었어요. "몇 번 뺄 수 있어?"만 기억하면 됩니다.

그렇다면 나머지가 있는 문제는 어떨까요? 다음 문제를 봅시다.

> 묘목 217그루를 13그루씩 묶어서 사람들에게 나눠 주려고 해.
> 묘목은 몇 묶음이 되고 얼마큼 남을까?

역시 이것도 나무 217그루를 13등분하는 상황이 아닙니다. 217에서 13을 몇 번 뺄 수 있는지를 묻고 있어요.

217÷13은 "217에서 13을 몇 번 뺄 수 있어?"입니다.

$$\begin{array}{r} 1 \\ 13\overline{)217} \\ 130 \\ \hline 87 \end{array} \leftarrow 13\times10 \atop \leftarrow 217-130 \quad\Rightarrow\quad \begin{array}{r} 16 \\ 13\overline{)217} \\ 130 \\ \hline 87 \\ 78 \\ \hline 9 \end{array} \leftarrow 13\times6 \atop \leftarrow 87-78 \quad\Rightarrow\quad \begin{array}{r} 16 \\ 13\overline{)217} \\ 13 \\ \hline 87 \\ 78 \\ \hline 9 \end{array}$$

217에서 13을 10번(13×10=130) 빼니까 87이 남았어요. 13을 6번(13×6=78)을 더 빼면 9가 남게 되죠. 모두 16번 뺐으니까 몫은 16이고 나머지는 9입니다.

이제 분수 나눗셈을 봅시다.

$3 \div \dfrac{1}{2}$

이 문제를 등분제로 보면 상황이 이상하죠. '사과 3개를 $\frac{1}{2}$명이 똑같이 나눠 먹으려면 어떻게 해야 할까?'가 되니까요. 따라서 이렇게 해석해 볼게요.

"한 사람에게 사과를 $\frac{1}{2}$개씩 나눠 주려고 하는데, 사과가 3개라면 모두 몇 명에게 줄 수 있을까?"

어떤가요? 충분히 가능한 상황이지요? 포함제 개념으로 접근하면 해결됩니다.

동그라미 하나가 사과 하나라고 생각해 봅시다.

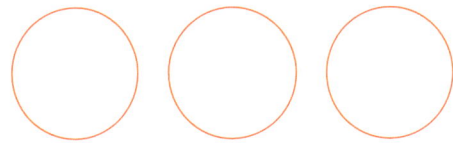

그렇다면 '3에서 $\frac{1}{2}$을 몇 번 뺄 수 있어?'가 됩니다.

모두 6번 뺄 수 있죠. 사과 반 쪽씩 모두 6명에게 나눠 준다는 의미입니다.

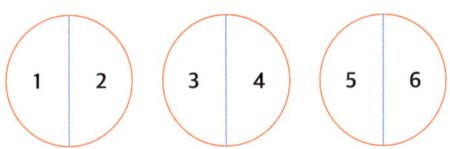

예전에 배웠던 분수 나눗셈의 요령, 기억하나요? '분수에서 나눗셈을 할 때는 ÷를 ×로 바꾸고 역수로 써서 계산해라.' 이렇게 배웠나요? 우린 일반화한 규칙만 기억하고 그 이유는 몰랐어요. 맥락을 알고 나면 수학이 한결 재밌어집니다.

우린 나눗셈의 계산은 할 줄 알았지만, 나눗셈의 개념은 잘 몰랐던 게 아닌가 싶어요. 익숙한 등분제, 그리고 낯선 포함제. 이젠 구분할 수 있죠?

우리는 단순 계산하려고 수학을 배운 게 아니었어요. 연산의 의미 파악이 먼저입니다. 수학에도 맥락이 중요하다는 사실을 잊지 마세요.

수와 연산

0÷5는 되는데
5÷0은 안 되는 이유

0÷5는 뭘까요? 0? 아니면 5?

그렇다면 5÷0 은 뭐지요? 이것도 0? 아니면 5?

어려운 계산은 아닌데 이상하게 알 듯 말 듯 합니다.

계산기는 답을 알고 있을 것 같으니, 빠르고 정확한 답을 알려 주는 계산기에게 물어보겠습니다.

먼저 0÷5부터 계산기에 두들겼더니, 바로 0이 나옵니다.

0÷5는 0이 확실합니다.

그런데 5÷0은 답이 안 나와요.

대신 계산기가 이렇게 알려 줍니다.

"0으로 나눌 수 없어요."

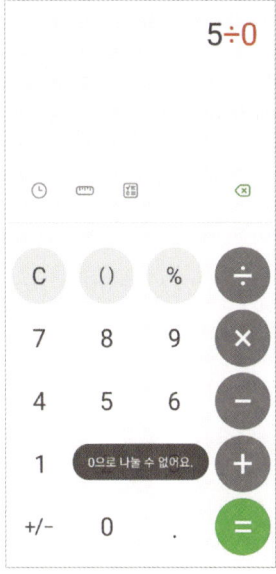

수와 연산

문제 자체가 말이 안 된다는 겁니다. 0을 어떤 수로 나누는 건 되는데, 어떤 수를 0으로 나누는 건 왜 성립하지 않는 걸까요? 0으로 나누면 안 되는 이유가 대체 뭘까요? 혹시 여기에 대해 생각해 본 적 있나요? 이참에 생각해 보기로 해요.

나눗셈에는 등분제와 포함제, 두 가지 상황이 있다고 했죠.

만약 5÷0을 '몇 번 뺄 수 있는가?'라는 포함제의 의미로 생각해 보면, 0으로 나눈다의 의미는 0을 반복해서 빼는 겁니다.

5÷0은, 5에서 0을 몇 번 뺄 수 있냐고 묻는 거예요. 그런데 0을 빼고 빼고 또 빼도 5는 끄떡없어요. 전혀 줄어들지 않습니다. 5에서 아무리 많은 0을 빼더라도 절대 0이 될 수 없지요. 그렇기에 5÷0의 몫이 얼마인지 결정할 수 없습니다.

이러한 이유로 수학에서는 0이 아닌 어떤 수를 0으로 나누는 것 자체가 불가능해요. 불가능하다는 의미의 '불능' 또는 '정의되지 않음'이 됩니다.

0이 아닌 수 a에 대해

a÷0은 **불능**

그렇다면 0÷0은 가능할까요?

이 나눗셈도 포함제의 상황으로 생각해 보면, 0에서 0을 몇 번 빼면 0이 되는지 알아보는 것이라고 할 수 있어요.

0-0-0-0-⋯=0

0에서는 0을 몇 번 빼더라도 0이 됩니다. 따라서 몇 번 빼야 할지를 정할 수 없어요. 무수히 많기에 정할 수 없다는 의미로 0÷0은 '부정'이라고 합니다.

0÷0은 부정

그런데 말이에요. 5÷0처럼 어떤 수를 0으로 나누는 것은 성립하지 않는데, 0÷5처럼 0을 어떤 수로 나누면 왜 0이 되는 걸까요? 이것도 계산 불가능해야 하지 않을까요?

0÷5를 생각해 봅시다.

이 나눗셈의 몫을 구하기 위해선 0에서 5를 몇 번 빼야 0이 되는지를 따져 봐야 합니다.

0-5-5-⋯=0

0에서 5는 0번 빼야만 0이 됩니다. 따라서 이 나눗셈의 몫은 0이에요.

0÷5=0

세상 그 어떤 수도 0으로 나눌 수는 없지만, 0을 나누는 것은 가능합니다. 0은 어떤 수로 나누더라도 그 몫은 언제나 0이에요. 단 0만 빼고요.

그런데 0으로 나누는 게 왜 안 되는지, 포함제 개념으로만 증명한 게 조금 모자란 것 같다고요? 그렇다면 곱셈과 나눗셈이 역연산 관계라는 것을 이용해 왜 0으로 나누면 안 되는지 확인해 보겠습니다.

12÷3=4라고 할 때 3×4=12가 됩니다. 나눗셈을 제대로 했는지 우리는 이런 방식으로 검산을 하지요. 이를 토대로 생각을 이어가 볼까요?

5÷0=□라고 할 때 0×□=5가 되어야 합니다.

그런데 그 어떤 수도 0을 곱하면 0이 됩니다. 5가 될 수 없어요. 따라서 5를 0으로 나누는 것은 불가능합니다.

이번엔 5÷0이 가능하다는 전제로 증명해 볼게요.

5÷0=□라고 합시다. 그러면 양변에 0을 곱해도 등식은 성립하니까 5÷0×0=□×0이 됩니다.

0도 나눗셈이 가능하다면 어떤 수든 같은 수로 나누었다 곱하면 원래의 수가 됩니다. 계산해 볼까요?

5=□×0

5=0

이런! 5가 0과 같다는 모순이 발생합니다.

다음과 같은 방식으로도 증명 가능해요. 만일 이런 등식이 있다고 해 봅시다.

1×0=2×0

어떤 수에 0을 곱하면 0이 되므로 위의 식은 좌변 우변 모두 0이 됩니다.

0으로 나누는 것이 가능하다고 전제하고 양변을 0으로 나누면

1×0÷0=2×0÷0

이런 식이 됩니다. 그런데 어떤 수를 곱하고 다시 그 수로 나눠 주면 원래의 수가 되므로 좌변은 1이 되고 우변은 2가 됩니다.

1=2 라는 모순이 생겼어요.

0으로 나누는 걸 인정하는 순간, 모순이라는 지뢰가 곳곳에서 펑펑 터집니다. 이러한 이유로 어떤 수를 0으로 나누는 것은 수학적으로 있을 수 없는 일이 되었습니다. 만일 0이 나눗셈보다 먼저 발명됐더라면 수학의 속사정은 달라졌을까요?

크림대빵 가격,
비싼가? 적당한가?

한때 SNS를 휩쓸었던 크림대빵. 삼립의 스테디셀러인 크림빵의 60주년을 기념하기 위해 한정판으로 출시된 엄청난 크기의 크림빵입니다.

크면 클수록 좋다는 거거익선(巨巨益善) 트렌드에 발맞춰 기획되었죠. 이를 정통 크림빵과 비교해 보겠습니다.

이름대로 대빵 큽니다. 실물은 시선을 압도해요. 공간이 낭비될세라 빼곡히 진열된 다른 상품들과는 달리 여유 있는 자태로 진열대를 독차지하고 있는 그 당당한 존재감. 전 그냥 지나칠 수 없었습니다. 냉큼 집어 들었죠. 그때까지만 해도 가격을 몰랐어요.

도형과 측정

8,800원　　　　　　1,400원

셀프 계산대에서 바코드를 스캔하고 깜짝 놀랐습니다. 공산제품 빵이 8,800원이라니. 정통 크림빵이 1,400원인 것에 비하면 너무 비싸게 느껴졌거든요. 잠깐 멈칫했으나 곧 궁금증으로 바뀌었습니다. '과연 크림대빵은 비싼 게 확실할까?' 이 질문의 답을 수학으로 증명해 보려 합니다.

봉지에는 이렇게 적혀 있습니다.

정통크림빵보다 6배 더 큰 크림대빵이라고요.

정통크림빵은 75g인데, 크림대빵은 500g이라고 합니다. 중량을 비교하면 몇 배인지 계산기를 두드려 볼게요.

500÷75

6.6666666667

6.6배. 즉 6배보다는 많이 나가고 7배보다는 적게 나갑니다. 정통크림빵이 1,400원이니까 거기에 6배를 해 볼까요? 8,400원이라는 가격이 나옵니다. 거기에 거대한 포장비까지 더하면 8,800원.

어떤가요. 합당한 가격으로 봐줄 수 있을까요?

하나씩 따져 봅시다. 먼저 사이즈가 얼마나 커졌는지 확인해 볼게요.

얼핏 보기에는 지름이 2배 가량 커진 거 같네요. 그런데 빵이 정확한 원은 아니에요. 사진에서 보이는 바와 같이 빵 둘레에 약간의 굴곡이 있습니다. 일정하지는 않지만 이를 감안하고 빵의 중심을 지나는 지름을 측정해 봤어요.

크림대빵의 지름은 24cm, 정통크림빵의 지름은 13cm

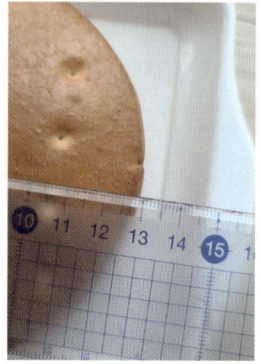

24cm　　　　　　　　13cm

입니다. 크림대빵의 지름은 정통크림빵의 지름보다 약 1.84배 큽니다. 지름이 1.84배 커지면 넓이도 1.84배 커지는 걸까요? 원의 넓이 공식 소환해 봅시다. $πr^2$ 기억하시죠?

π는 원주율이고 r은 원의 반지름을 뜻합니다. 대빵의 반지름은 12cm, 오리지널의 반지름은 6.5cm이니까 이를 토대로 빵의 넓이를 비교해 봅시다.

크림대빵의 넓이를 계산하면 다음과 같습니다.

$πr^2 = π × 12 × 12 = 144π (cm^2)$

그렇다면 정통크림빵의 넓이는?

$πr^2 = π × 6.5 × 6.5 = 42.25π (cm^2)$

144를 42.25로 나누면 몇 배인지 계산되는데요. 계산해 보면 3.4082840237이 나옵니다.

지름은 1.84배 커졌는데, 넓이는 3.4배나 커졌습니다.

3.4배

왜 이런 차이가 생길까요? 그 해답은 바로 원의 넓이 공식에 있습니다.

넓이는 반지름의 '제곱'에 비례

넓이는 반지름의 제곱에 비례하기 때문이에요. 만약 반지름이 2배 커진다면 넓이는 4배가 커지게 됩니다. 반지

름이 3배 커진다면 넓이는 무려 9배나 커지게 되는 거죠.

크림대빵이 정통크림빵보다 지름이 1.84배 크다는 것은 반지름 역시 1.84배 크다는 거니까 1.84의 제곱, 즉 (1.84×1.84=약 3.4)배만큼 빵의 넓이가 더 커진 겁니다. 크림대빵은 정통크림빵보다 3.4배 더 큽니다.

그런데 3.4배면 뭔가 이상하지 않나요? 정통크림빵은 1,400원이고, 크림대빵은 8,800원인데 말이죠. 실제 가격은 6배 이상 더 비싸잖아요.

우리가 간과한 사실이 하나 있습니다. 빵은 평면도형이 아니라 입체도형이지요. 빵 두께도 고려해서 부피를 비교해야 합니다. 수학에서 '부피'란 무엇일까요.

물건이 공간에서 차지하는 크기를 부피라고 합니다. 그리고 부피의 단위는 $1cm^3$입니다. 가로, 세로, 높이가 모두 1cm인 정육면체의 부피를 $1cm^3$라고 하는데요. 어떤 입체도형에 이 $1cm^3$인 정육면체가 얼마큼 들어가느냐가 바로 부피가 되는 겁니다.

가로 4cm, 세로 3cm, 높이 2cm인 직육면체를 보겠습니다.

단위 부피 $1cm^3$인 정육면체가 몇 개 들어가는지를 따져 보면 됩니다. 1층을 보면 4개씩 3줄이 들어가지요. 4×3=12, 12개가 있습니다. 2층에도 있으니까 12×2=24, $1cm^3$ 정육면체가 총 24개 들어갑니다. 이걸 하나의 식으로 간단히 나타내면, 4×3×2=24가 되지요. 그래서 이 직육면

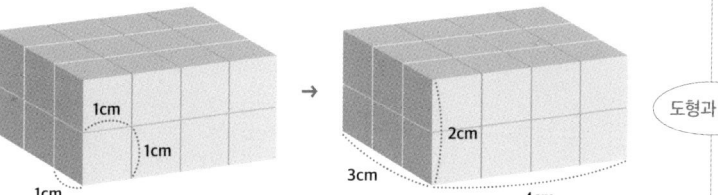

체의 부피는 24cm³입니다.

혹시 학창 시절 배웠던 직육면체의 부피 구하는 공식 기억하나요?

맞아요. (가로×세로×높이)입니다.

무작정 외우기만 했던 부피 공식도 개념을 알고 나니 이제야 납득이 됩니다.

빵은 일종의 원기둥입니다. 가운데가 불룩하고 테두리로 갈수록 완만히 낮아지는 모양이기에 엄밀하게는 원기둥이라 할 수 없고 정말 제대로 계산하려면 적분을 해야 하지만 논의를 간단하게 하기 위해 원기둥으로 계산해 보겠습니다.

원기둥의 부피는 어떻게 구할까요. 직육면체의 부피를 구하는 원리와 같습니다. 밑면의 넓이에 높이를 곱해 주면 됩니다.

원기둥의 부피=πr²×h

부피를 구하려면 원기둥의 높이를 알아야 해요. 빵의 가장 뚱뚱한 부분의 높이를 측정했습니다.

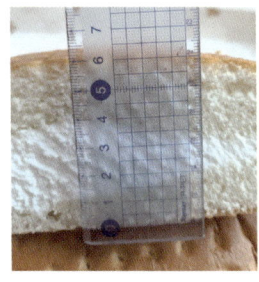
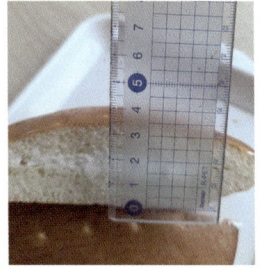

6cm   3.4cm

크림대빵의 높이는 6cm, 정통크림빵의 높이는 3.4cm 입니다. 이를 토대로 빵의 부피를 비교해 봅시다.

크림대빵의 부피는?

$\pi r^2 \times h = \pi \times 12^2 \times 6 = 864\pi (cm^3)$

정통크림빵의 부피는?

$\pi r^2 \times h = \pi \times 6.5^2 \times 3.4 = 143.65\pi (cm^3)$

부피를 따져 보니, 크림대빵은 정통크림빵의 6배 정도 더 큽니다.

도형과 측정

> 크림대빵의 부피는
>
> 정통크림빵의 6배

시장의 논리대로라면 원래 클수록 용량 대비 가격은 좀 더 저렴해야 하는데 크림대빵은 정통크림빵 가격의 6배보다 살짝 더 비쌉니다.

하지만 결국 전 크림대빵의 가격이 적당하다고 인정할 수밖에 없었습니다. 왜냐하면 크림대빵이 정통크림빵보다 훨씬 맛있거든요. 만든 재료는 동일하나 크림이 풍부해서 더 부드럽고 달콤해요. 우리가 너무나 잘 아는 그 팜유맛.

무엇보다 재밌는 경험이었어요. 엄청나게 커다란 봉지

를 한 손에 달랑달랑 들고 집에 올 땐 아이마냥 괜스레 신나더라고요. 단조로운 일상에 잠시나마 즐거움을 선사했기에 크림대빵의 가격은 합당하다고 결론 내렸습니다. 정통크림빵 6개를 사느니 차라리 크림대빵 1개를 사겠어요.

크림대빵 8,800원은 제법 합리적

뭐가 더 이득?
커피 10잔+무료 1잔
vs 10% 포인트 적립

변화와 관계

동네 커피숍에서 습관적으로 포인트 적립을 하다가 문득 궁금해졌습니다. 포인트 적립과 스탬프 누적은 커피값에서 얼마나 할인이 되는 걸까 하고 말이죠.

이럴 때는 물건 가격을 적당한 수치로 정해 계산하면 편리합니다. 커피 한 잔의 가격을 3,000원이라고 해 볼게요.

커피 10잔 + 무료 1잔의 경우

커피를 10잔 마시면 무료 1잔을 서비스를 받는다고 했을 때를 계산해 봅시다.

3000×10=30000(원)이네요.

나는 커피값으로 3만 원을 썼고 커피는 11잔 마셨습니다.

그러면 커피 1잔 가격은 얼마일까요?

30000÷11=2727(원)

약 2,727원 꼴이 됩니다.

할인율로 따지면 약 9% 할인받은 셈이죠. 중요한 건 할인율이 아니라 내가 이 커피숍에서 3만 원을 썼다는 사실입니다. 나는 이 커피숍에 최소 10번을 출석해 성실히 스탬프를 찍었습니다.

커피값 10% 포인트 적립의 경우

이번엔 포인트를 차곡차곡 적립한다고 가정해 볼게요. 커피 1잔 3,000원을 결제할 때마다 10%인 300원이 포인트로 적립됩니다. 근데 보통 포인트 사용은 5,000점 이상부터 가능한 경우가 많지요. 포인트가 5,000점이 쌓였다는 것은 내가 커피값으로 최소 5만 원을 써야 한다는 말입니다. 그러면 몇 잔을 마셔야 5만 원을 쓸 수 있을까요?

50000÷3000=16.6(잔)

내가 이 집 커피를 최소 17잔 마셔야 한다는 계산이 나오네요. 3000×17=51000이니까, 무려 5만 천 원을 커피값으로 써야 포인트 3,000점으로 커피 1잔을 마실 수 있게 됩니다. 그렇다면 커피값 5만 천 원에 18잔을 마셨다는 건데, 커피 1잔의 평균 가격은 얼마일지 계산해 볼게요.

51000÷18=2833(원)

커피 1잔은 약 2,833원입니다. 아까 스탬프 10개를 찍었을 때는 1잔 가격이 약 2,727원이었는데 그보다 106원 비싸네요.

게다가 이 커피숍에서 나는 자그마치 5만 천 원을 썼습니다. 3,000점을 차감하고 남은 2,000점을 알뜰히 사용하려면 최소 사용 금액 5,000점을 맞추기 위해 다시 가열차게 3,000점을 적립하는 수밖에 없어요. 흠, 그럴 바에야 차라리 6,000포인트까지 따박따박 모아서 서비스 2잔을 마시는 게 낫겠어요. 이참에 친구한테 한턱 내 봅시다.

그런데 포인트를 6,000점 쌓으려면 커피값을 6만 원 써야 합니다. 20잔을 마셔야 한다는 계산이 나와요. 그래야 적립한 포인트로 3,000원짜리 커피를 2잔 무료로 마실 수 있으니까요. 6만 원으로 22잔을 마신 셈이군요. 이때까지의 커피 평균 가격을 계산해 봅시다.

60000÷22=2727(원)

1잔을 약 2,727원에 마셨다는 계산이 나옵니다. 약 9% 할인된 가격이에요.

계산이 좀 복잡했지요. 아마 이렇게 일일이 계산하는 사람은 없을 거예요. 아무도 안 할 듯하여 제가 한번 해 봤어요. 계산해 보니 스탬프나 포인트나 다 비슷하게 9% 할인율이 적용됩니다. 하지만 그 할인율을 오롯이 적용받으려면 상당한 금액의 커피값을 지불해야 한다는 사실을 우린 기억할 필요가 있습니다.

이쯤에서 궁금해집니다. 커피숍에서는 왜 손님에게 포인트를 주고 스탬프를 적립해 주는 걸까요. 알고 보면 그것도 마케팅이에요. '고객 충성도'를 높이기 위함입니다.

포인트 적립 제도는 '락인 효과(lock-in effect)'를 이용한 마케팅 방법인데요. 락인 효과는 고객 이탈을 방지하고 지속적으로 자신들의 상품과 매장을 이용하게 만드는 것을 말합니다. 멤버십 제도도 같은 효과에요.

스탬프를 찍어 주든 포인트를 주든 뭔가를 해 주면 손님이 다른 데 안 가고 이 가게에 올 확률이 높아져요. 적립을 위해 자주 방문할 테고요. 손님 입장에서는 당장의 할인이 좋지만 가게 입장에서는 사용 예정인 적립금이 더 나은 선택이에요. 영업에 손실은 안 생기면서 서비스를 챙겨 주는 것처럼 생색낼 수 있는 사장님의 전략입니다.

커피숍은 고객 유지 차원에서 좋고, 손님 입장에서는 뭐라도 적립해 줘서 좋으니 서로 윈윈이라고 할 수 있겠습니다.

대신 아무 데서나 마시지 마세요. 기왕 마시는 커피, 내 입맛에 맞는 한 곳을 꾸준히 공략하는 겁니다. 상술과 취향의 콜라보랄까요. 마케팅에 의한 충성 고객보다는 자발적 단골손님이 훨씬 폼 나잖아요.

변화와 관계

사다리 타기 게임은
왜 결과가 중복되지 않을까?

사다리 타기 게임은 여럿이 내기를 할 때 흔히 하는 고전 게임입니다. 이 게임은 이기고 지고가 없어요. 그저 좋은 선택과 나쁜 선택만 있을 뿐이죠. 그런데 어느 누구도 결과에 토를 달지 않습니다. 그날의 운세를 탓할지언정 게임 자체에는 불만이 없어요. 만인이 인정하는 공정한 분배 게임이니까요.

보통 이렇게 시작합니다. 인원수대로 세로선을 길게 긋고 아래에는 결과 항목들을 적어요. 예를 들어 5명이 밥값을 건다고 해 볼게요. 울고 웃게 될 다양한 금액을 씁니다.

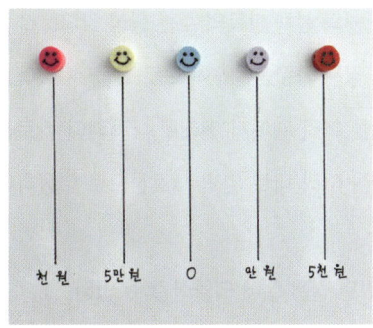

이제 취향껏 가로선을 그립니다.

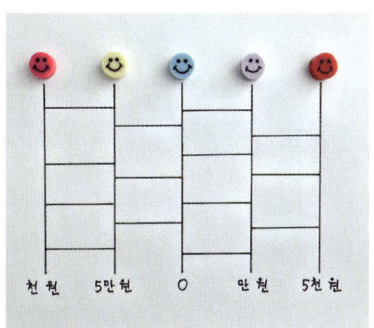

완성됐으면 사다리 부분을 가리고 각자 1개씩 선택합니다. 사다리를 타고 내려가서 결과를 확인하면 끝.

사다리 타기 게임에는 규칙이 있습니다.

변화와 관계

- 참여 인원과 선택 항목의 수는 항상 같다.
- 높이가 같은 가로선을 연속으로 그을 수 없다.
- 세로선을 따라 위에서 아래로 내려가다 가로선을 만나면 그 가로선을 따라 바로 옆의 세로선으로 이동하여 아래로 내려간다.
- 한 번 갔던 길은 절대 되돌아갈 수 없다.

이왕이면 0원에 걸리기를 바랄 거예요. 5만 원을 간절히 원하는 사람은 아무도 없겠지요. 그런데 0원에 여러 명이 몰리면 어쩌죠? 5만 원에 아무도 당첨되지 않을 수도 있잖아요. 그러면 정산에 차질이 생깁니다. 게임을 다시 해야 할까요?

신기하게도 사다리 타기 게임은 절대 결과가 중복되는 일이 없어요. 위와 아래는 항상 하나씩만 연결되거든요. 가로선을 아무리 막 그어도 절대 겹치지 않아요. 그래서 사다리 타기 게임이 세상 공평한 게임이라는 겁니다. 이유가 뭘까요? 사다리 타기 게임이 '수학'을 기반으로 만들어졌기 때문이에요.

사다리 타기 게임은

함수

사다리 타기 게임의 원리는 함수입니다. 네, 우리가 중고등학교 다닐 때 그토록 힘들어하던 그 함수 맞아요. 사다리 타기 게임은 함수의 일종이에요. 숫자도 없고 좌표도 없고 식도 없는데 어떻게 이게 함수일 수 있을까요?

일단 함수가 뭔지부터 제대로 알아야 합니다. 함수가 뭘까요? 함수는 수가 아닙니다. 이름 때문에 자연수, 정수, 유리수, 무리수처럼 수의 한 종류라고 오해하기도 하는데 함수는 수가 아니에요. '수'가 아니라 그 앞에 있는 '함'에 주목해야 합니다. 함수의 함은 사물함, 우편함, 제설함, 보석함, 투표함 할 때의 그 함이에요. 바로 상자 함(函)입니다.

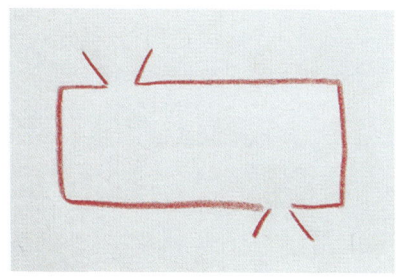

함수 상자는 의미 없는 빈 상자가 아니에요. 그림을 보면 상자에 들어가는 곳과 나오는 곳이 있지요? 무언가를 넣으면 반드시 무언가가 나와야 해요. 무언가를 넣었는데 아무것도 안 나오면 안 돼요. 무언가를 넣었는데 여러 개가 나와서도 안 돼요. 하나를 넣으면 딱 하나가 나와야 합니다.

그렇다면 함수 상자 안에는 뭐가 들어 있을까요? '규칙'이 있습니다. 이 상자는 철저하게 규칙에 의해서만 작동돼요. 이랬다저랬다 변덕 부리지 않아요. 함수는 상자 안에 무언가를 넣으면 정해진 규칙에 따라 새로운 뭔가가 나오는 것을 말합니다.

수학의 언어로 말하자면, x라는 변수를 함수식에 대입하면 결과값 y가 나온다는 겁니다. 이 y값을 함숫값이라고 해요. 함수는 독립변수 x값이 정해짐에 따라 종속변수 y값이 오직 하나씩 정해지는 관계를 말합니다.

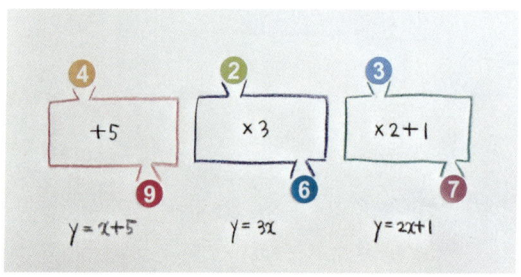

이처럼 다양한 함수 상자가 있어요. 규칙은 모두 다르지만 하나를 넣으면 하나가 나온다는 원리는 변함이 없습니다.

근데 사다리 타기 게임에는 상자가 없잖아요. 식도 없고 입력하는 수도 출력되는 수도 없는데 어째서 함수라는 걸까요?

규칙이 있거든요. 사다리 타기 게임에서는 '가로선'이 규칙이에요. 가로선을 아무리 많이 긋는다 해도 그 가로선 덕분에 하나에 하나씩만 나오게 됩니다.

만약 가로선 없이 세로선만 있다고 해 봅시다.

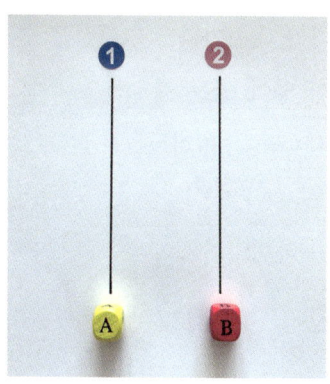

참가자가 2명이니까 선도 2개 그었어요. 사다리가 아니라 밧줄이군요. 각자의 줄을 따라가면 당연하게도 자기 줄 아래에 도착해요. 1은 A로, 2는 B로 말이죠. 하나당 하나씩인 '일대일 대응'이 일어납니다.

여기에 가로선 하나를 추가해 봅시다.

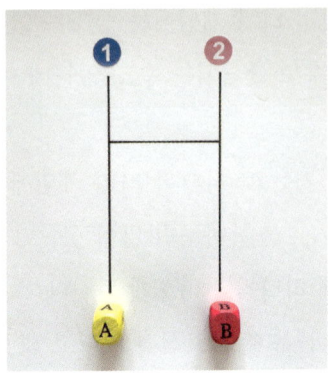

세로선을 따라 내려가다가 가로선을 만나면 무조건 타고, 그 가로선이 닿아 있는 세로선으로 내려가야 하는 것이 사다리 게임의 규칙. 따라서 1은 B로, 2는 A로 가야 합니다.

둘이 자리가 바뀌었어요.

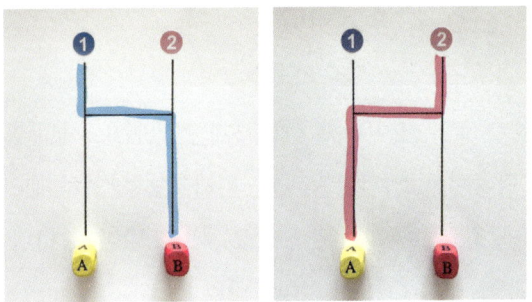

여기서 가로선을 하나 더 그어 볼게요.

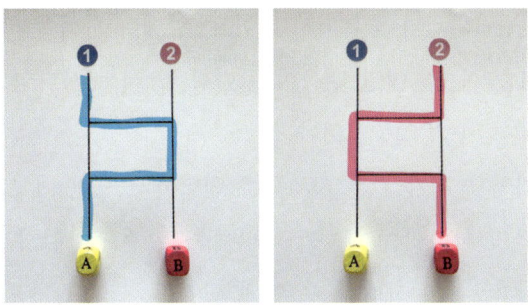

그러자 둘이 또 바뀌었어요. 1은 A로, 2는 B로 원래대로 돌아왔습니다. 어떻게 이런 일이 생긴 걸까요?

사다리 타기 게임에서

세로선은 일대일 대응

가로선은 자리바꿈

사다리 타기에서 가로선의 역할은 '자리바꿈'입니다. 빼앗는 게 아니라 그저 맞바꾸는 거예요. 둘이서 아무리 여러 번 바꿔 봐야 한 사람당 하나씩인 건 변하지 않잖아요.

사다리 타기 게임에서는 참여자 수와 선택 항목 수가 항상 같죠. 그러니까 가로선을 아무리 많이 그어도, 즉 자리바꿈을 아무리 많이 해도 서로 하나씩 맞바꾸는 거니까 절대 누락되거나 중복되지 않아요. 언제나 하나에 하나씩만 대응되는 일대일 대응이 됩니다. 그래서 사다리 타기 게임은 함수의 일종입니다.

만약 높이가 같은 가로선을 연달아 그으면 어떻게 될까요? 그 사다리는 함수가 아니에요. 왼쪽으로 갈까, 오른쪽으로 갈까를 선택할 수 있게 되거든요. 누구는 방향을 결정하고 누구는 아무런 영향도 받지 않으니 이 게임은 불공평합니다. 일대일 대응도 깨지게 되고요. 반드시 가로선의 높이를 달리해서 흩어지게 그어야 게임이 성립합니다.

직접 실험해 봅시다. 이번엔 4명이 사다리 타기 게임으로 1, 2, 3, 4등 자리를 뽑는 상황이에요.

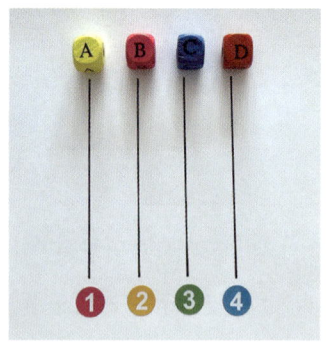

원래대로라면 D는 영락없는 4등이죠. 근데 1등을 하고 싶대요. D가 1등 자리로 가려면 옆으로 세 번 옮겨 가야 하니까 가로선을 3개 긋습니다. 오르락내리락해서는 안 되고 순차적으로 내려가게끔 세 줄을 그려요.

가로선이 3개 추가된 사다리를 타 보겠습니다.

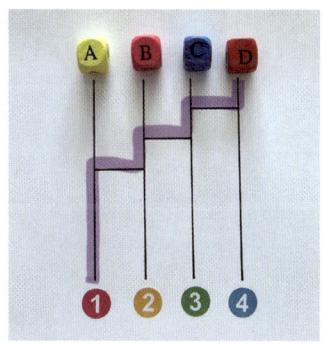

D의 야심대로 1등을 차지했어요. 이러면 운이 아니죠. D가 수학을 잘한 거예요.

한편 B가 원래대로라면 2등 자리인데 새로 생긴 가로선 3개 때문에 졸지에 3등이 되게 생겼어요. 이럴 때는 어떻게 해야 할까요?

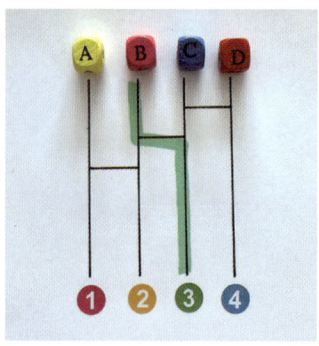

B는 비록 1등은 못했지만 2등은 꼭 하고 싶대요. 그러면 위해선 왼쪽으로 한 번 옮겨 가야 하니까 왼쪽 아래에 가로선을 하나 긋는 겁니다.

가로선 하나 추가했더니 B의 2등 소원이 이뤄졌어요. 수학을 몰랐던 C와 D는 각각 4등과 3등 자리를 차지했고요.

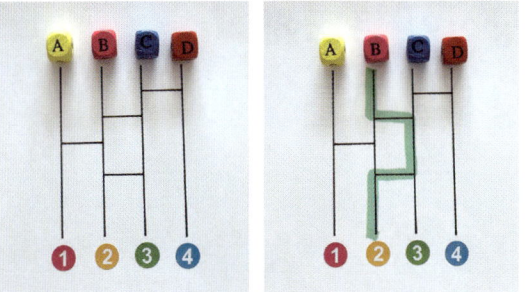

변화와 관계

　무심코 그린 작대기에 수학이 있을 줄이야. 재미로 하는 이 단순한 게임도 수학으로 설계되었습니다. 사다리를 타는 동안 모두의 심장을 쫄깃하게 하고 싶다면 가로선을 많이 그려 주세요. 가로선이 아무리 많아도 하나에 하나씩이란 사실은 절대 변하지 않으니까요. '일대일 대응'은 사다리 타기 게임의 진리입니다.

당신이 로또에
당첨될 확률

로또 기준으로 보면, 세상에는 세 부류의 인간이 있습니다.

첫째, 로또를 꼬박꼬박 사는 사람.

둘째, 로또에 전혀 관심 없는 사람.

셋째, 특별한 날에만 로또를 사는 사람.

이 중 어디에 속하세요? 우리 집에는 상반된 스타일의 두 사람이 있어요. 제가 로또를 제 돈 주고 사본 적이 없는 둘째 유형이라면, 남편은 성실하게 로또를 구입하는 첫째 유형입니다.

가끔 로또를 선물 받게 되면, 전 토요일 저녁 9시 땡 하기가 무섭게 바로 맞춰 봅니다. 당첨 확인을 한다기보다 버리는 타이밍을 확정 짓는 의식에 가깝죠. 그런데 저희

남편은 절대 바로 확인하는 일이 없어요. 몇 주 동안 지갑에 고이 품고 다닙니다. 그의 지갑엔 꿈이 들어 있어요.

　로또의 일주일 판매 금액이 약 500억 원이라고 합니다. 대한민국에서 매주 5천만 번의 게임이 진행되고 있는 거죠. 흔히 로또에 당첨될 확률은 길 가다가 벼락 맞아 죽을 확률보다도 낮다고 합니다. 이렇게 터무니없이 낮은 확률인데도 사람들은 여전히 일확천금을 바라며 오늘도 로또를 구입합니다. 과연 로또 1등에 당첨될 확률은 얼마나 되는 걸까요? 직접 계산해 봅시다.

　로또는 '6/45' 방식입니다. 1부터 45까지의 번호 중에서 6개 번호를 맞추는 거죠. 내가 고른 수 6개와 추첨으로 뽑힌 수 6개가 일치해야 1등입니다. 구매자는 그저 번호 6개만 마킹하면 돼요. 수동 선택이 아닌 자동 선택을 하면 번호를 고민할 필요조차 없어요. 로또 한 장당 최대 다섯 게임을 할 수 있습니다.

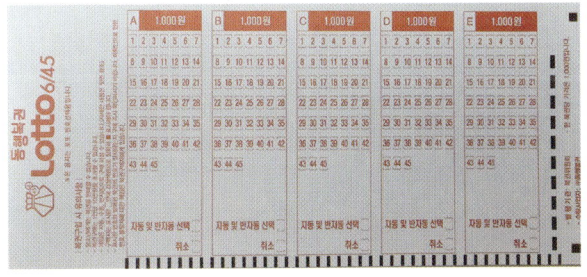

미니 로또의 당첨 확률

확률 계산법을 설명하기 위해 미니 로또를 만들어 봤어요. 1부터 5까지의 번호 중에서 3개만 맞추면 100만 원 당첨이라고 해 봅시다. 꽤나 솔깃한 제안이죠? 번호 3개만 마킹하면 됩니다.

① ② ③ ④ ⑤

이 미니 로또에서 100만 원에 당첨될 확률은 얼마나 될까요? 직접 마킹해 보니 번호 3개를 선택할 수 있는 모든 경우의 수는 10가지더군요.

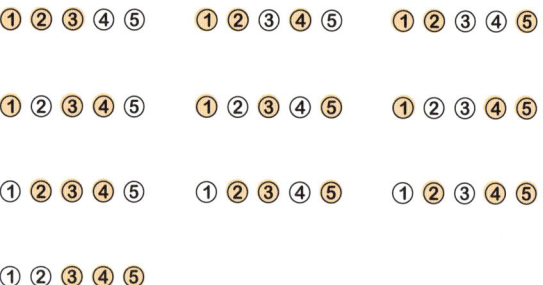

(1, 2, 3) (1, 2, 4) (1, 2, 5) (1, 3, 4) (1, 3, 5)

(1, 4, 5) (2, 3, 4) (2, 3, 5) (2, 4, 5) (3, 4, 5)

> 자료와 가능성

모든 경우의 수가 10가지인데 1등 번호는 하나니까 내가 선택한 번호로 1등에 당첨될 확률은 10분의 1입니다.

미니 로또는 번호가 5개뿐이라 이 중에서 3개를 골라 모든 경우의 수를 구하는 건 어렵지 않아요. 그런데 1부터 45까지 있는 로또에서 번호 6개를 일일이 선택하기란 불가능에 가까워요. 그러니 하나씩 세지 말고 정확히 생각해야 해요. 그게 바로 수학이니까요.

일단 미니 로또의 번호 1, 2, 3, 4, 5 중 3개로 만들 수 있는 수의 조합부터 구할 거예요.

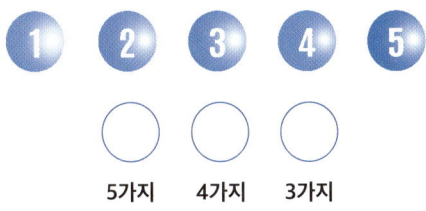

번호 3개를 맞춰야 1등이니까 1등 당첨 번호를 ○○○이라고 생각합시다. 첫 번째 자리에 올 수는 1, 2, 3, 4, 5 중 하나일 테니 모두 5가지예요. 두 번째 자리는 이미 사용한 수를 뺀 나머지 중 하나이니 4가지이고, 세 번째 자리는 이미 사용한 수 2개를 뺀 나머지 중 하나이니 3가지입니다. 그래서 5×4×3=60으로, 모두 60가지에요. 수형도를 직접 그려 보면 더 쉽게 이해할 수 있습니다.

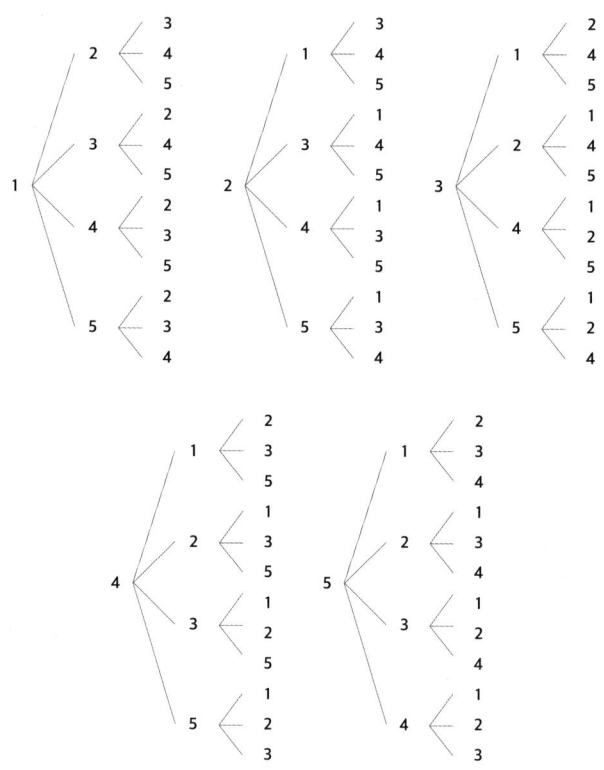

그러면 100만 원에 당첨될 확률은 60분의 1일까요? 아까 분명 10분의 1이라고 했잖아요. 오차라고 하기엔 너무나 큰데요. 이게 어찌 된 일이죠? 우리가 간과한 사실이 있어요. 바로 '순서'입니다. 번호가 나열된 순서를 따지느냐, 안 따지느냐를 반드시 염두에 둬야 합니다.

우리가 구한 60가지는 번호 1, 2, 3, 4, 5 중에서 3개를 뽑아 일렬로 늘어놓을 때의 가짓수입니다. 그런데 로또는 나열된 수의 순서는 상관없어요. 그저 번호 3개만 맞추면 되거든요. 순서가 달라도 한 가지로 여깁니다. 예를 들어, 1등 당첨 번호가 (2, 4, 5)라고 해 봅시다. (2, 5, 4), (4, 2, 5), (4, 5, 2), (5, 2, 4), (5, 4, 2) 이 모두를 다 하나로 본다는 겁니다.

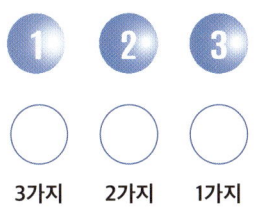

번호가 3개 있을 때 만들 수 있는 수의 조합은, 3×2×1=6, 6가지예요. 6가지를 하나로 취급하니까 순서와 상관없이 세 수를 뽑는 경우의 수는 모든 경우의 수 60의 6분의 1. 즉 10이에요. 그래서 여러분이 100만 원에 당첨될 확률은 10분의 1입니다.

로또의 1등 당첨 확률

이제 진짜 로또의 확률을 계산해 봅시다. 1에서 45까지의 수 가운데 6개 번호를 뽑는 경우의 수도 같은 방법으로 구하면 돼요. 먼저 번호 6개를 나열하는 모든 경우의 수부터 구해 보자고요.

45×44×43×42×41×40=5864443200

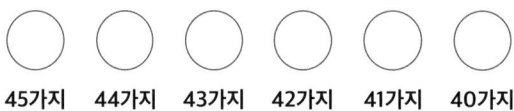

6개 번호를 나열하는 모든 경우의 수는 58억 6,444만 3,200입니다. 그런데 여기도 분명 중복되는 상황이 있어요. 6개의 수가 서로 다른 순서로 나열되는 경우를 구해 볼까요?

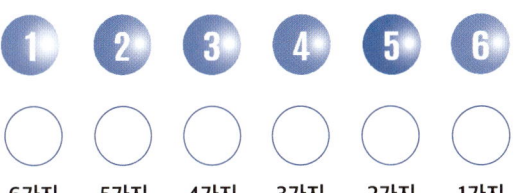

자료와 가능성

6×5×4×3×2×1=720

모두 720가지입니다. 로또는 순서가 달라도 되니까 720가지를 하나로 봅니다. 따라서 전체 경우의 수를 720으로 나눠야 해요.

5864443200÷720=8145060

6개 번호를 조합하는 모든 경우의 수는 814만 5,060이에요. 이 가운데 딱 하나만이 1등이니까, 로또 1등에 당첨될 확률은 $\frac{1}{8145060}$ 입니다.

814만 분의 1이라는 확률이 와닿지 않지요? 벼락 맞아 사망할 확률이 50만 분의 1이니까 로또 1등에 당첨될 확률은 그보다 16배 정도 더 희박합니다. 그런데 신기한 건 매주 로또에 당첨되는 사람이 존재한다는 겁니다. 얼마 전에는 급기야 63명이 무더기 당첨되는 경우도 있었어요.

혹시 로또를 여러 장 사면 확률이 높아질까요? 맞습니

다. 서로 다른 조합으로 로또를 추가 구입하면 확률은 높아져요. 내가 한 장만 샀다면 1등 당첨 확률은 814만 분의 1일 겁니다. 그런데 두 장을 사면 814만 분의 2(407만 분의 1)가 되는 거죠. 다섯 장 사면 814만 분의 5(162만 분의 1), 열 장 사면 814만 분의 10(81만 분의 1)이 됩니다.

그렇다면 6개 번호로 만들 수 있는 모든 조합으로 한 장씩 814만 5,060장 사면 어떨까요? 네, 1등 당첨 확률은 100%가 됩니다. 가장 확실한 방법이죠. 그런데 81억 이상을 로또 사는 데 써야 합니다. 오롯이 그 돈을 나 혼자 수령하면 좋겠지만 1등 당첨자가 여러 명 나오면 n분의 1을 해야 해요. 게다가 3억 이상은 세금도 33% 떼는 거 아시죠?

실제로 이 방법이 실행된 적이 있습니다. 1990년대 미국 버지니아주 로또는 1부터 44까지의 번호 가운데 6개를 선택하는 방식이었는데요. 로또 한 장을 사서 1등에 당첨될 확률은 705만 분의 1이었어요. 그 당시 로또 한 장 가격이 1달러였으니까 약 700만 달러어치만 사면 1등 당첨은 확실했어요. 게다가 1992년 2월 15일, 지난 몇 주 동안 1등 당첨자가 없어 이월된 상금이 쌓여 1등 상금이 2,700만 달러를 넘게 됐습니다. 700만 달러를 투자하면 2,700만 달러를 벌 수 있는 절호의 찬스였죠. 여러분이라면 도전하겠습니까?

루마니아의 경제학자 스테판 만델은 이 무모해 보이는

계획을 실행에 옮겼습니다. 문제는 로또 구입 자금이었죠. 만델은 2,500명의 소액투자자를 모집해 자금을 확보한 후, 일주일 동안 조직원을 동원해 모든 조합의 로또를 사들이기로 합니다. 그런데 중간에 문제가 생겨 705만 개의 조합 중 640만 개만 구입할 수 있었어요. 만델의 완벽한 계획에 차질이 생기고 말아요. 다행히도 그들이 사들인 640만 장에서 1등 번호가 나왔고, 만델은 700만 달러로 2,700만 달러를 버는 데 성공했습니다.

미국에서 그에게 순순히 상금을 줬을까요? 그럴 리가요. 만델은 미국 연방수사국(FBI), 미국 중앙정보국(CIA), 국제형사경찰기구(인터폴)의 조사를 받게 됩니다. 복권회사와 일부 투자자들과의 법정 분쟁에도 휘말리게 됐죠. 모든 혐의에 대해 무죄 판결을 받긴 했지만 4년간의 긴 싸움으로 인해 재정적 어려움을 겪습니다. 결국 만델은 1995년 파산 신청을 하고 은퇴했어요. 현재는 조직원들과 함께 남태평양에 위치한 바누아투라는 열대 섬에 살고 있다고 합니다.

만델은 기적을 믿지 않고 수학을 믿었어요. 모든 조합의 로또를 사는 것만이 당첨 확률을 100%로 만드는 확실한 방법이니까요. 이 전략은 만델이 당시 로또 시스템의 허점을 찾아냈기에 가능했어요. 미국 정부는 만델의 당첨 방식을 문제 삼았지만 결국 합법임을 인정할 수밖에 없었다고 합니다. 이 방법은 너무나 확실해서 전 세계 로또 관련 법규와 규칙 자체를 바꿔 버렸죠. 스테판 만델은 로또를 속인 유일한 사람입니다.

우리도 티끌 같은 힘을 모아 로또 814만 5,060장을 사 볼까요? 투자하시겠습니까? 안타깝게도 이제는 불가능해요. 우리나라는 1인이 10만 원 이상 구입할 수 없거든요. 게다가 로또를 많이 사면 당첨 확률이 높아지지만 그만큼 투자금도 커져요. 로또는 내가 감당할 수 있는 선에서 사야 합니다.

로또에 당첨되는 방법

정말 로또 당첨률을 높일 수 있는 방법은 없을까요? 시중에 떠도는 로또 당첨 전략에는 이런 것들이 있습니다.

- 여러 장 구입하기
- 같은 번호 지속적으로 구입하기
- 통계를 기반으로 번호 선택하기

안타깝지만 그 어떤 전략도 로또가 가진 랜덤 성질은 절대 바꾸지 못해요. 패턴을 읽어낼 수도, 추세를 예상할 수도 없어요. 스테판 만델처럼 모든 조합을 다 구입하지 않는 이상 당첨은 언제나 불확실합니다. 로또는 수학이 전혀 통하지 않거든요. 수학이 통한다면 그건 로또가 아니에요. 로또는 완전한 운빨이기 때문에 어떤 전략도 완벽한 당첨을 보장하지 않습니다.

전 이 모든 이야기를 남편에게 들려 줬어요. 그래도 그는 이번 주에도 어김없이 로또를 샀습니다. 전 그만의 소소한 취미생활을 인정하기로 했어요. 분명한 건 로또를 사지 않는 제가 로또에 당첨될 확률은 '완전 제로'라는 사실이에요. 남편은 '완전 제로'까지는 아니고 '거의 제로'랄까요. 저보다는 가능성이 높으니 행운을 빌어 주렵니다.

자료와 가능성

맨홀 뚜껑은
왜 원 모양일까?

길에서 흔하게 볼 수 있는 맨홀. 인도에서는 사뿐히 즈려밟히고, 도로에서는 육중한 차가 쌩 통과합니다. 늘상 발밑에 깔려 있으니 눈여겨보지 않게 되는데요. 우리가 무심코 지나친 이 맨홀에도 정교한 기하학이 숨어 있습니다.

맨홀(manhole)은 말 그대로 사람이 드나드는 구멍입니다. 우리가 발 딛고 있는 땅 아래에는 여러 시설물이 복잡하게 설치되어 있어요. 이를 유지 보수하기 위해서는 전문 인력이 투입되어야 합니다.

지상과 지하를 연결하는 맨홀 뚜껑은 사람이 지하세계로 갈 수 있는 출입문인 셈이에요. 그런데 그 문은 왜 하필 원 모양일까요? 이유는 간단합니다. 바로 '안전' 때문이에요.

맨홀 뚜껑은

'원'이라야 안전하다

맨홀은 보행자가 오가는 인도뿐 아니라 차량이 다니는 도로에도 설치되기 때문에 뚜껑이 아주 튼튼해야 합니다. 부식과 마모에 강한 소재로 제작하는데 뚜껑 하나의 무게가 무려 40~160kg에 달해요. 그런데 만약 작업 중 뚜껑이 안으로 떨어진다면? 생각만 해도 끔찍하죠. 뚜껑이 떨어지지 않게 막아 주는 유일한 기하 형태가 바로 '원'입니다.

직접 실험해 보겠습니다.

지름이 10cm인 원과 한 변의 길이가 10cm인 정사각형을 그립니다.

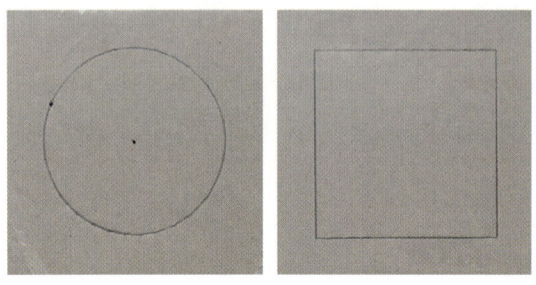

원과 정사각형을 잘라 냅니다.

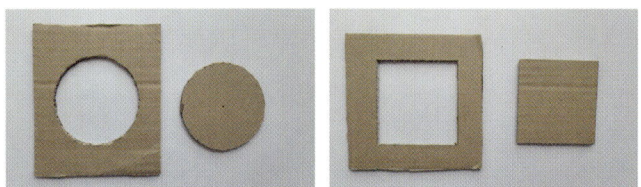

잘라 낸 원과 정사각형은 맨홀 뚜껑, 뚫린 구멍은 맨홀 입구입니다. 이제 맨홀 뚜껑을 입구에 끼워 볼게요.

비교해 보니 어떤가요? 원은 구멍에 딱 들어맞아요. 대충 넣어도 꽉 들어찹니다. 상하좌우 따지지 않아도 돼요. 섬세한 손놀림도 필요 없습니다.

반면 정사각형은 원과 달리 까다롭습니다. 뚜껑의 네 꼭짓점과 구멍의 네 꼭짓점이 딱 맞아떨어져야 들어가니까요. 조금이라도 어긋나면 사진처럼 들어가지 않습니다.

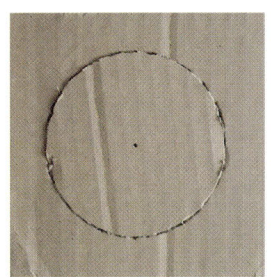

만약 뚜껑이 제대로 닫혀 있지 않다면 어떤 문제가 발생할까요? 보행자가 걸려서 넘어질 수도 있고, 빠른 속도로 달리던 차량에 충격이 가해져 대형 사고로 이어질 수도 있습니다. 매우 위험하죠. 그래서 원형의 뚜껑이 훨씬 안전합니다.

맨홀 뚜껑이 덜 닫히는 건 그나마 약과예요. 그 상태로 조금만 부주의해도 뚜껑이 지하 1~3m까지 추락할 수 있거든요. 한 변이 60cm인 정사각형 구멍이 지상에 그대로 노출된다면? 보행자나 자동차가 그 위로 지나간다면? 끔찍하니 상상조차 하지 맙시다. 맨홀 뚜껑을 원으로 만들면 애초에 그런 사고는 절대 일어나지 않습니다. 왜 그런지는 뚜껑을 수직으로 세워 보면 알 수 있어요.

원은 뚜껑이 구멍에 딱 걸립니다.

그런데 정사각형은?

뚜껑이 밑으로 쑤욱~ 바로 빠집니다. 왜 이런 차이가 생기는 걸까요? 그건 도형의 성질 때문이에요.

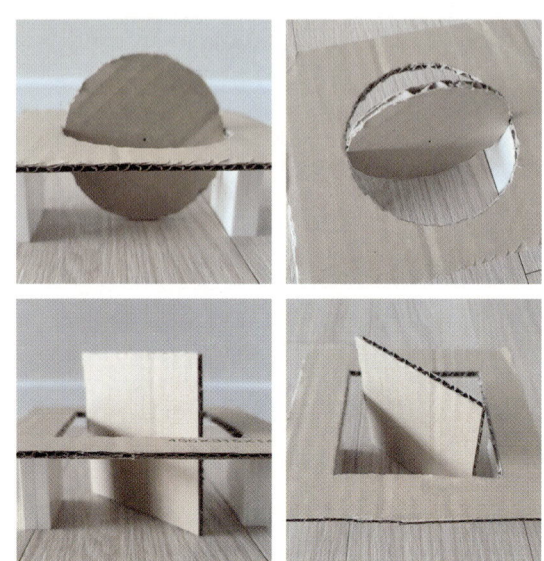

원 위에 두 점을 선택해 일직선으로 연결해 볼게요. 어느 선이 가장 긴가요?

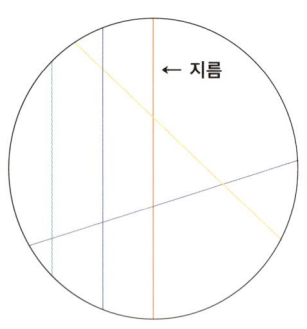

← 지름

맞아요. 원에서는 '지름'이 가장 깁니다. 그 어떤 선도 지름보다 길지 않아요. 그렇기 때문에 원 모양의 뚜껑은 눕혀 보고 세워 보고 이리저리 돌려 봐도 구멍에 들어가지 않는 겁니다. 뚜껑이 아래로 추락할 리가 없겠지요.

정사각형은 어떨까요. 마주 보는 변에 각각 점을 찍고 곧게 연결해 보겠습니다.

어느 선이 가장 긴가요? 대각선이 가장 길죠. 대각선은 정사각형 한 변의 길이보다는 무조건 더 깁니다.

이것이 바로 네모 모양 뚜껑이 조금이라도 비스듬하면 뚜껑이 아래로 빠지기 쉬운 이유예요. 이건 정사각형뿐만 아니라 직사각형도 마찬가지입니다. 이런 안전상의 이유로 맨홀 뚜껑은 원 모양을 사용합니다.

그런데 원 말고도 구멍에 빠지지 않는 도형이 또 있습니다. '정폭도형'이라면 다 가능합니다. 정폭도형은 말 그대로 폭이 일정한 도형인데요. 평행한 두 직선 사이에 도형을 접하도록 놓았을 때 그 폭이 항상 같은 도형입니다. 원이 대표적인 정폭도형이죠.

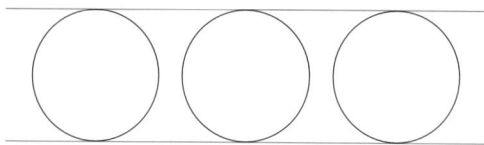

그런데 다른 정폭도형도 그릴 수 있습니다.

먼저 정삼각형을 그린 후, 각 꼭짓점에서 삼각형 한 변의 길이를 반지름으로 하는 원을 3개 그립니다. 3개 원의 중심을 세 꼭짓점으로 하고, 3개의 호를 변으로 하는 통통한 삼각형이 완성됩니다.

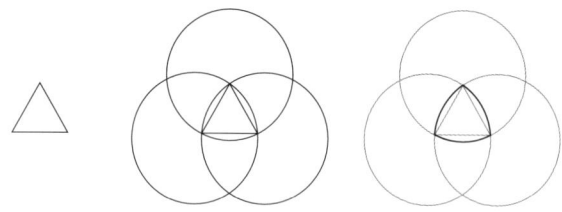

이러한 삼각형을 '뢸로 삼각형'이라고 합니다. 폭이 일정하기 때문에 원과 마찬가지로 구멍 아래로 빠질 일이 없어요. 그 외에도 다양한 정폭도형이 있는데, 이렇게나 다양합니다.

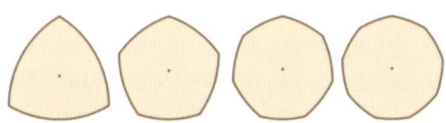

'뢸로 다각형'도 맨홀 뚜껑으로 안전하지만 문제가 있습니다. 제작하기가 힘들다는 점이죠. 단가가 높아질 거예요. 그래서 맨홀 뚜껑으로는 현실적으로 원이 가장 적합하다는 결론이 납니다.

그 외에도 맨홀이 원 모양인 여러 가지 이유가 있습니다.

- 무겁고 두꺼운 뚜껑을 굴리면서 운반할 수 있으니까
- 맨홀을 드나드는 사람의 몸통도 원이니까
- 사각형은 모서리가 손상될 수 있으니까
- 원 모양이 공장에서 제조하기 쉬우니까
- 원은 압력을 고루 받아 파손의 위험이 적으니까

예전 대기업 면접에서 똑같은 질문을 했었다고 합니다. "맨홀 뚜껑은 왜 원으로 만들었는가?" 지원자의 상식을 점검하기 위해 이런 문제를 내지는 않았겠지요. 수학 공부를 할 때 문제 풀이만 했느냐 아니면 살아 있는 공부를 했느냐를 확인하고 싶었던 게 아닐까요.

일일이 세어 보지 않고
몇 개인지 알 수 있을까?

수와 연산

 이 생각은 우리 집 어린이 덕분에 하게 됐습니다.

 10년째 자동차 덕후 인생을 살고 있는 어린이는 《탑기어》라는 자동차 잡지를 수집하고 있는데요. 자신의 책장에 발간 순서대로 정리해 놨어요. 그래야 보고 싶은 잡지를 찾기 쉽다고 해요. 한 권 한 권 다 지정석이 있답니다. 이 배열이 흐트러지는 일은 아직까지 못 봤어요.

 이날도 책장 앞에서 몇 월호를 꺼내 읽을까 고심하던 어린이가 갑자기 이런 혼잣말을 하더라고요.

탑기어를 창간호부터 모았다면

지금 책장이 얼마큼 찼을까?

냉큼 낚아챘습니다.

"책장 한 칸에 탑기어가 몇 권 들어가?"

"어림잡아 50권?"

"어림하지 말고 정확하게 몇 권 들어갈까?"

'정확하게'란 말에 세어 보려고 하더라고요. 그래서 생각의 미끼를 던졌습니다.

일일이 세어 보지 않고

그 수를 알 수 있는 방법은 없을까?

어린이의 고민이 시작됐습니다.

어린이는 잡지를 물끄러미 보다가 발견했어요. 책장 한 칸을 가득 채운 잡지는 44호부터 84호까지 꽂혀있다는 것을요. 차례대로 배열돼 있고 누락된 잡지는 없어요.

 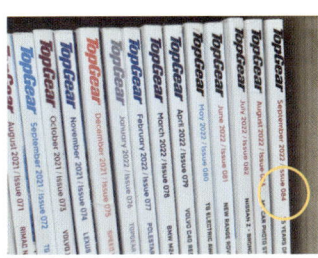

44, 45, 46, 47, …, 84. 아이가 자신 있는 표정으로 말합니다.

"44호부터 84호까지 있으니까 책장 한 칸에는 40권이 들어가."

"어떻게 구했어?"

"84에서 44를 뺐어."

"만약에 1호부터 10호까지 있었다면 잡지가 몇 권이야?"

"10에서 1 빼면 9권."

"다시 생각해 봐."

"아! 10권이네. 빼고 나서 1을 더해 줘야 돼."

"왜 더해 줘야 할까?"

"음… 시작하는 수까지 빼 버린 거니까. 그걸 더해 줘야 돼."

"맞아. 그럼 44호부터 84호까지는 모두 몇 권이야?"

"41권."

"오 맞아 맞아."

"만약에 내가 탑기어를 창간호부터 모았다면 이번달이 103호니까… 2칸 반 정도 찼겠구나. 지금보다 1칸이 더 많았겠네."

2015년 10월 창간호부터 〈탑기어〉를 수집했더라면 아마 옆의 빈칸도 빼곡해졌을 거예요.

이날 어린이와의 대화 후, '수 세기'에 대해 공부해야겠다고 마음먹었어요. 수 세기. 자신 있으세요?

"아니 그건 아기들도 다 하는 거잖아요. 수 못 세는 어른이 어딨어요."라고 할 여러분의 얼굴이 선합니다. 맞아요. 우린 어릴 때부터 열심히 수를 셉니다. "인형이 모두 몇 개야? 하나 둘 셋 넷 다섯! 다섯 개야."라면서요.

1, 2, 3, ⋯, n

1부터 n까지의 자연수가 있다고 할 때, 자연수는 모두 몇 개인가요? 맞아요. n개입니다. 맨 마지막 수만큼 있습니다.

1, 2, 3, ⋯에서
마지막 수가 총 개수

그런데 1부터 시작하지 않는다면요?

5, 6, 7, ⋯100

5부터 100까지의 수는 모두 몇 개일까요? 세 가지 방법이 있어요.

첫 번째 방법.
1~100까지는 100개죠.
거기서 1, 2, 3, 4라는 5 앞의 수 4개를 빼는 거예요.
100-4=96이므로 5부터 100까지의 수는 96개입니다.

이렇게도 할 수 있어요. 100에서 5를 뺀 다음, 1을 더하는 겁니다.

100-5=95고, 95+1=96(개)입니다.

(+1)을 절대 잊어선 안 돼요.

또 이렇게 생각해 볼 수도 있어요. 1부터 시작하면 마지막 수가 총 개수라는 걸 이용하는 거예요.

5, 6, 7, …100에서 5를 1로 만들어 볼게요.. 5를 1로 만들려면 4를 빼 줘야 합니다. 모든 수에서 다 4를 뺍시다. 그러면 어떻게 될까요?

5, 6, 7, …100이 1, 2, 3, …96이 됩니다. 1로 시작한다면 마지막 수가 총 개수이므로 모두 96개. 앞의 수를 1로 만드니까 수 세기가 갑자기 너무 쉬워졌어요. 당연하고도 신박한 수 세기 방법입니다.

잡지를 세는 문제도 마찬가지로 해결 가능합니다.

44, 45, 46, …, 84에서 44를 1로 만들면 됩니다. 모든 수에서 공평하게 43을 빼 봅시다.

1, 2, 3, …, 41이므로 41권이네요.

다음 문제도 도전해 보세요.

> 1부터 100까지
>
> 짝수이면서 3의 배수인 수는
>
> 모두 몇 개일까요?

수와 연산

이 문제, 어떻게 푸시겠어요? 우선 짝수부터 다 쓸까요.

2, 4, 6, 8, 10, 12, 14, 16, 18, 20, 22, 24, 26, 28, 30, 32, 34, 36, 38, 40, 42, 44, 46, 48, 50, 52, 54, 56, 58, 60, 62, 64, 66, 68, 70, 72, 74, 76, 78, 80, 82, 84, 86, 88, 90, 92, 94, 96, 98, 100

여기서 3의 배수를 찾아볼까요?

2, 4, **6**, 8, 10, **12**, 14, 16, **18**, 20, 22, **24**, 26, 28, **30**, 32, 34, **36**, 38, 40, **42**, 44, 46, **48**, 50, 52, **54**, 56, 58, **60**, 62, 64, **66**, 68, 70, **72**, 74, 76, **78**, 80, 82, **84**, 86, 88, **90**, 92, 94, **96**, 98, 100

물론 이렇게 해도 됩니다. 시간이 많이 걸릴 뿐. 그런데 이렇게 하나씩 하다 보면 어느 순간 감이 옵니다. 찾으셨는지요? 짝수이면서 3의 배수인 수는 6의 배수입니다. 즉 이 문제는 1~100까지의 수에서 6의 배수가 모두 몇 개인지를 묻는 문제였어요. 이제 어떻게 할까요?

6, 12, 18, 24, …, 96

또 일일이 다 쓸까요? 아니오. 그러지 않아도 돼요. 우리에겐 첫 수를 1로 만드는 마법이 있으니까요.

6을 1로 만들려면 어떻게 해야 할까요? 6으로 나눠 주면 됩니다.

6÷6=1, 12÷6=2, 18÷6=3, …, 96÷6=16

모든 수를 다 6으로 나눠 줍니다.

1, 2, 3, 4, …, 16

그래서 모두 16개. 1부터 100까지의 수 중 6의 배수는 모두 16개입니다.

이번엔 난도를 조금 높여 볼게요.

4, 7, 10, 13, …, 97

이 규칙대로 수를 배열했을 때 수는 모두 몇 개일까요? 이번 수들은 앞선 수들과는 달라요. 4부터 시작해서 3

씩 커집니다.

우린 첫 수를 또 1로 만들어야 하는데 4를 1로 만들려면 어떻게 해야 할까요? 4로 나눠 줄까요? 그러면 다음 수 7이 2가 안 돼요. 3을 빼 줄까요? 그러면 7은 4가 되는군요. 한 번에 안 된다면 몇 단계를 거칠 수도 있어요.

먼저 모든 수에서 1씩 빼 주겠습니다.

3, 6, 9, 12, …, 96

이제 방법이 보이지요. 3을 1로, 6을 2로, 12를 3으로 만들려면? 3으로 나눠 주면 됩니다.

1, 2, 3, 4, …, 32

그래서 모두 32개입니다.

아니면 식을 세워서도 할 수 있습니다. 4에서 시작해서 3씩 커지니까 두 번째 수는 4에다 3을 더하고 세 번째 수는 4에 3×2인 6을 더하고, 네 번째 수는 4에다 3×3인 9를 더합니다.

그렇게 n번째 오는 수는 4+3(n-1)이라는 식을 만들 수 있어요.

이를 토대로 방정식을 만들어 볼까요?

4+3(x-1)=97

→3(x-1)=93

→x-1=31

→x=32

아마 중학생 이상부터는 이렇게 모르는 수를 미지수로 놓고 방정식 풀이를 이용할 겁니다. 하지만 수 세기는 아주 간단한 원리 하나만 알면 할 수 있어요. 그게 뭐였죠?

1, 2, 3, …에서

마지막 수가 총 개수

고백하건데,

전 '수포자'란 단어를 싫어합니다.

그 단어의 존재 자체가

수학을 포기해도 된다는 의미의

공인인증서 같아서요.

유머처럼 사용되는 것도 씁쓸해요.

그런데도 굳이 책 제목에

'수포자 엄마를 찾습니다'라고 대대적으로 떠벌린 건

스스로를 그리 여기는 수많은 엄마들에게

당신은 수포자가 아니라고 꼭 말해 주고 싶어서였어요.

수포자라는 말은 수학을 쉽게 포기하게 만들어요.

이제는 그 단어를 머릿속에서 지웁시다.

이 책이 당신에게

수학을 마주할 용기를 주었으면 좋겠습니다.

#수포자 엄마를 찾습니다

초판 1쇄 발행 2025년 10월 24일

지은이 김미현

펴낸이 金昇芝
편집 김도영
디자인 studio forb

펴낸곳 블루무스
전화 070-4062-1908 **팩스** 02-6280-1908
주소 경기도 파주시 경의로 1114 에펠타워 406호
출판등록 제2022-000085호
이메일 bluemoose_editor@naver.com
인스타그램 @bluemoose_books

ISBN 979-11-93407-43-1 (03370)

- 저작권법에 의해 보호를 받는 저작물이므로 무단 전재와 복제를 금합니다.
- 이 책의 일부 또는 전부를 이용하려면 저작권자와 블루무스의 동의를 얻어야 합니다.
- 책값은 뒤표지에 있습니다. 잘못된 책은 구입하신 곳에서 바꾸어 드립니다.
- 본 저작물은 국립중앙박물관에서 공공누리 제1유형으로 개방한 '보물 서봉총 금관'을 이용하였으며 해당 저작물은 국립중앙박물관 누리집(홈페이지)(http://www.museum.go.kr)에서 무료로 다운받으실 수 있습니다.